Alexander Sergejewitsch

WIE ICH EINEN SONG SCHREIBE

Tipps und Tricks für angehende Liederschmiedinnen
& Liederschmiede

— KULTUR-ÄSTHETISCHES MANIFEST —

Bibliographische Informationen der Deutschen Nationalbibliothek:
Die Deutsche Nationalbibliothek verzeichnet diese Publikation
in der Deutschen Nationalbibliographie,
detaillierte bibliographische Daten sind im Internet über
http://www.dnb.de abrufbar

Erste Auflage 2022

© 2022 Alexander Sergejewitsch
Covergestaltung und Satz: A. Sergejewitsch

Herstellung und Verlag:
BoD — Books on Demand, Norderstedt

ISBN 9783755760917

Inhaltliche Irrtümer vorbehalten

Ich widme diese Schrift

allen Künstlern, Musikern & Kultur-Schaffenden

auf unserem von Menschenhand geschundenen Planeten

sowie dem viel zu früh verstorbenen genialen Interpreten

ROGER CICERO

(deutsch 1970 bis 2016)

TEX BRASKET

*(deutsch * 1970)*

alias CHRISTOPH DRIESCHNER

ehemaliger Berliner Obdachloser

ESTAS TONNE

*(Ukraine * 1975)*

charismatischer slawischer Gitarrist

JOHNNY HALLYDAY

(France 1943 – 2017)

alias JEAN-PHILIPPE SMET

PETER MAFFAY

*(Rumänien * 1949)*

alias PETER ALEXANDER MAKKAY

PETRA MAGONI *(Italia * 1972)*

in Zusammenarbeit mit

Lautinistin

ILARIA FANTIN *(Italia)*

Inhaltsverzeichnis

Vorwort

Dieses Büchlein ist *kein* musiktheoretisches Lehrwerk, von denen es so viele gibt wie Sandkörner am Strand, dann wäre es eines unter vielen. Mein Büchlein beleuchtet zwar in groben Zügen die Konstruktion eines Songs, wagt aber darüber hinaus die Behauptung, was die „Seele" eines Liedes ausmacht. Aus den gewonnen Erkenntnissen ergeben sich die „Tipps & Tricks" für das Schreiben eines Songs.

Darüber hinaus kommen *Ensemble*-Arbeit, *Arrangement* und *Studio*-Einspielung zu Wort; ebenso *Vermarktung*.

Die hier geschilderten Kniffe fußen auf konservativer Anschauung und weisen progressive Rahmen sprengende „Bastel-Anleitungen" einer sich als Avantgarde verstehenden Klientel von sich.

Zu berücksichtigen sind in erster Linie Song-Beispiele aus der Welt westlicher Popular-Musik unter Berücksichtigung meiner eigenen Kompositionen als *Singing Songwriter* :

http://www.b-cristiano.de/BIOGRAPHIE/biographie.html

http://www.b-cristiano.de/TROUBADOUR/troubadour.html

http://www.b-cristiano.de/LIEDERMACHER/liedermacher.html

http://www.b-cristiano.de/JIM_MORRISON/jim_morrison.html

http://www.b-cristiano.de/ROCK_N_ROLLER/rock_n_roller.html

Dass viele „zu Wort kommende" Songs *nichtdeutschen* Ursprungs sind, liegt an der nur mäßigen Zahl wahrhaftiger *deutscher* Lied-Schreiber.

„Deutschland" hat einfach zu wenige gute Songwriter; Sternstunden:

K. LAGE (* 1950); K. MEINE / RUDOLF SCHENKER (*beide* * 1948); U. LINDENBERG (* 1946); H. GRÖNEMEYER (* 1956); G. GUNDERMANN (1955 – 1998); S. REGENER (* 1961); A. REICHEL (* 1944); H. HARTZ (1943 – 2002) u.a.

Ausnehmen möchte ich die klassischen *deutschen* Barden mit „Skandinavier-Pullover und Freiluft-Sandale", wie sie auf dem noch zu besprechenden *Hunsrücker* „Waldeck-Festival" in Erscheinung treten.

Die Schrift gilt zwar hauptsächlich dem jungen an der Esse der Lieder-Schmiede schwitzenden Lehrling, allerdings auch der „Meister" vermag manches für sich daraus zu gewinnen, weil es eben kein Lehrbuch im eigentlichen Sinne ist, sondern das Allgemeine aus der musikalischen Welt der Songs in den Focus rückt. **Denn das Schreiben eines Songs bedarf keiner musikwissenschaftlichen Hochschulausbildung !**

Was das Büchlein außerdem attraktiv macht, sind die Quer-Verweise auf andere künstlerische Disziplinen, welche mit den Gesetzen des Liedes konform gehen. Anzuführen sind *Malerei, Skulptur* sowie *Literatur* und *Architektur*; vereinzelt *Performance*, bisweilen nicht unerheblich unterfüttert mit Kunst- und Kultur-Kritik.

Die Konformität der einzelnen Künste untereinander bzw. deren Überschneidungen sind meine These, aus welcher Regeln für das Schmieden eines Liedes abzuleiten sind.

Alle Disziplinen sind angesiedelt auf dem Boden einer gemeinsamen *Ur*-Sprache, nur dass diese gemeinsame *Ur*-Sprache, je nach dem, um welche Disziplin es sich handelt, *spezifisch*, i. e. individuell, sich äußert. Es ist eben das Gegenteil einer „*Babylonischen* Sprach-Verwirrung"; weshalb es für den Lieder-Schmied von Vorteil ist, wenn er parallel in anderen Künsten praktisch bewandert ist; schlicht und ergreifend von den *Synergien* profitiert.

Ich denke an Wolfgang Niedecken, Udo Lindenberg, sowie John Lennon und Bob Dylan. Um es vorweg zu nehmen, was die Lieder von Dylan anlangt, halte ich — **bis auf seine Klassiker** — persönlich nicht viel. Die Texte sind sehr ausufernd, oft rätselhaft; eben „vertonte Gedichte", eher in Musik umgesetzte Literatur, weniger den Charakter eines „echten" Songs betreffend, weshalb DYLAN nicht umsonst 2016 den Literatur-Nobelpreis erhielt. Zudem empfinde ich den musikalischen Hintergrund-Teppich seiner mit Rockband eingespielten Songs zu fad und monoton, auch wenn W. NIEDECKEN anderer Meinung sein möge — die „Fremd-Interpretationen" seiner Klassiker genießen stilistische Bandbreite : **Jimmy HENDRIX** !

Urheberrechtlicher Beweggründe wegen und deren hohen Kosten für eine Abdruck-Erlaubnis, habe ich den einen und anderen Song abstrakt behandelt, man kann die Musik auf den einschlägigen Portalen im Internet „verfolgen". Davon unberührt ist die freundliche Abdruck-Genehmigung von Auszügen des „DRAFI-DEUTSCHER-Songs" „MARMOR, STEIN UND EISEN BRICHT" durch die NERO MUSIKVERLAG GMBH & CO. OHG.

Der Ablauf der Schrift folgt keiner streng-klassischen strukturellen Gliederung wie die einer wissenschaftlichen Arbeit, da es keine solche ist.

Die bei den hier aufgeführten Künstlern in Klammern stehenden Länder folgen, wo sie geboren sind (Geburten-Lokalität), nicht wo sie wohnen oder wohnten. Viele im Übrigen genießen oder genossen zwei Staats-Angehörigkeiten.

Eine nicht zu unterschätzende Rolle und für den aufstrebenden Lieder-schmied von aufschlussreicher Kenntnis, spielen meine Erfahrungen während meines „Spießruten-Laufs" durch die „Branche"; aber auch meine persönliche Einstellung, was einen Song betrifft.

Mögen Sie, lieber Leser, von meiner *Songwriting-Philosophie* sich inspirieren lassen   *.Alexander Sergejewitsch*

Einleitung

Bruce Springsteen (*US* * 1949) sagte in einem Interview, es gebe Momente, und sei es nur eine emotionale Spur unter seinen Schuhsohlen, „so ein Gefühl", was ihn aufhorchen ließe, so eine Art *„come-back"* von irgendetwas, wovon er nicht wisse, was es ist. Das sei, was ihn zu einem Song inspiriere. Ich, als blutiger Dilettanten-*Barde* muss ihm Recht geben, nach der großen Depression, der Verrohung deines Herzens, kommt glücklicherweise ein „Hoch", eine Seiten-Straße, welche keine ist, sondern die Haupt-Straße verlorener Glückseligkeit. Alles flutet zurück an erbauenden Dingen, welche du einst verlorst. Die Stimme deiner Großen Liebe, deiner Herzens-Dame, *die* dich verließ; deines Herzens-Herrn, *der* dich verließ; die Luft, die nicht riecht nach Seifen-Lauge, sondern nach Paradies, wie in PHIL COLLINS'S (*British* * 1951) „ANOTHER DAY IN PARADISE", ein Lied, wo eine sozial Ausgestoßene nach dem *Paradies* des Wohlhabenden sich sehnt, derselbe gefordert ist, zu helfen. Die Gestrauchelte ist gemeint, ähnlich „CEUX QUI N'ONT RIEN" [Jene, die nichts haben] (1993), gesungen von PATRICIA KAAS, [Text & Musik *by* DIDIER BARBELIVIEN (*Frankreich* * 1954); FRANÇOIS BERNHEIM (*Frankreich* * 1947)].

Es ist ein Baden in wohltuender Vergangenheit, vielleicht der Kindheit, die dir aufhilft, neue Strände zu erkundschaften, deine Krücken fortzuwerfen, um eins zu sein mit dem Herz-Schlag deren, *welche* alles geschaffen hat, deren, *welche* dich geschaffen hat ! Mit dem Herz-Schlag dessen, *welcher* alles geschaffen hat, dessen, *welcher* dich geschaffen hat !

Einige „komponieren" ein Lied, um sich selbst zu beweisen, dass sie fähig sind, ein Lied zu entwerfen, sozusagen als narzisstisches Loblied auf sich selbst, wo sie vorher jede Menge „fremde" Songs kopiert („ *ge-covered* "), nachgespielt haben. Letzteres ist eine gute Schule, des in Erfahrung Bringens der Struktur eines Liedes wegen, herauszufinden, was ein Lied musikalisch ausmacht. Obgleich auch hier eine ganze Palette von Schnittmustern existiert. Die einen glauben an fest vorgegebene Strukturen, deren *Credo* ist konservativ; die anderen sind von der Freiheit überzeugt, in der Orchester-Musik : ARNOLD SCHÖNBERG (*Österreich-Ungarn* 1874 – 1951); LUC FERRARI (*Frankreich* 1929 – 2005); GYÖRGY LIGETI (*Österreich-Ungarn* 1923 – 2006) oder KARL-HEINZ STOCKHAUSEN (*Deutschland* 1928 – 2007) — auf dem Gebiet des *Songwriting* etwa der umstrittene XAVIER NAIDOO (*deutsch* * 1971) als Kompositions-Beteiligter von meines Dafürhaltens flachen Melodien, doch ist dies Geschmacks-Sache. Mein Lied „NATALIA", eine Liebes-Erklärung an eine mit Anfang vierzig verstorbene Freundin, erfuhr dahingehend ebenfalls kontroverse Beurteilungen, aber durch geschickte Arrangements ist *empfundene* Fadheit zu vernachlässigen.

Nichtsdestotrotz ein wahrhaft guter Song ohne das Kostüm irgendeines Arrangements auskommt, weshalb derselbe am Lagerfeuer mit Null-Acht-Fünfzehn-Akkorden herunter „geklampft" werden kann.

JONNY CASH's (*US* 1932 – 2003) „RING OF FIRE"; DONOVAN's (*British* * 1946) „COLOURS" oder NEIL YOUNG's (*Kanada* * 1949) „HEART OF GOLD" usw.

Analog sind die Stilrichtungen der zeitgenössischen *Bildenden Kunst*, oder gar auf der Bühne. Zu nennen sind *Performance* der 60er Jahre, wenn man sich selbst verstümmelt gleich GÜNTER BRUS* (*Österreich* * 1938) [*Wiener*

---

*Punker-Legende IGGY POP's (US * 1947) „Selbst-Marterungen" auf der Bühne entspringen anderer Quelle.*

Aktionismus] oder die *Minimal Art* eines DONALD JUDD (*US* 1928 – 1994), der in seinen skulpturalen Werken, Dargestelltes auf seinem Verständnis nach Wesentliches reduziert, geometrische Grundformen von Objektivität, vorherrschend der Quader, gepaart mit farblichen Akzenten aus dem Kaleidoskop für jedermann zu begreifender Subjektivität, oft in variierender Wiederholung.

Auf der Bühne sind es bspw. Aufführungen des *ostdeutschen* Dramaturgen HEINER MÜLLER (1929 – 1995).

Aber auch der Einbezug von Alltags-Gegenständen und Materialien jedweder Art in der Malerei eines RENÉ WIRTHS (*deutsch* * 1967), oder die Präsentation derselben in den Installationen eines RAINER RUTHENBECK (*deutsch* 1937 – 2016).

Summa summarum, die Kunst kennt keine Grenzen, obgleich eine allgemein menschliche Moral existiert, welche Regeln vorschreibt. Denken wir an HERMANN NITSCH (*Österreich* * 1938) [*W. Aktionismus*] und sein „ORGIEN-MYSTERIEN-THEATER", wenn Tiere vor Publikum getötet werden und in den Spielen auftretende Darsteller Blut zu trinken bekommen etc. Somit kennt auch der Song keine Grenzen, was dessen Struktur, und im Übrigen seinen Text anlangen. Alles scheint erlaubt zu sein; solange es den bloßen Klang betrifft, stimme ich dem zu, aber was Verse und öffentliche Aufführung anlangen, bin ich anderer Meinung, ebenso an dieser Stelle gilt das Prinzip des *Humanismus*, i. e. im Zweifel für den Menschen ! Ich reflektiere über die Metal-Band „RAMMSTEIN" (mit Doppel-*M*) und deren ästhetischen Charakter, alle Facetten betreffend, Aufführung und Texte, welche die dunklen Seiten ihres Publikums provozieren. Wie dem auch sei, dass „RAMMSTEIN" alles andere als „rechts-gewandt" zu bewerten sein dürfte, so ist doch alleine das Spiel mit der Sprache von „rechts" und des Grauens für einen *Humanisten* „schwer verdaulich", man führe sich nur die Flug-Schau-Katastrophe auf der *US*-Air-Base „Ramstein" (mit einem *M*) vom 28/8/88, vor Augen, Nähe *Kaiserslautern* in Rheinland-Pfalz, mit letztlich 70 Verstorbenen und unzähligen teilweise Schwer-Verletzten, um eines „geschmacklosen" Marketings habhaft zu werden. Oder Einblendungen aus LENI RIEFENSTAHL´s (*deutsch* 1902 – 2003) *Olympia*-Film von 1936 in dem Video „LET ME SEE YOU STRIPPED !"

Sicherlich ist zwischen Kunst und dahinter stehender politischer Intention vorerst zu trennen [siehe „*Nazi-Bildhauer*" ARNO BREKER (*deutsch* 1900 - 1991)], doch mit jenen optischen RIEFENSTAHL-Einwürfen weiß jedes Kind, was gemeint ist, die Konnotation ist eindeutig. „RAMMSTEIN" macht Reklame mit — meiner Ansicht nach — nicht akzeptabler Ästhetik, was „rechts-gerichtete", noch „läuterungsfähige" Jugendliche in ihrer Haltung bestärken dürfte.

Erwähnt seien auch die kontrovers diskutierten BENETTON-Werbe-Kampagnen mit Bildern des *italienischen* Fotografen OLIVIERO TOSCANI (* 1942). BENETTON legt damit den Finger zwar in die Wunden menschlichen Elends und Tragödie, rührt aber dadurch die Werbetrommel für seine Produkte; sehr zweifelhaft . . .

Die Kunst ist nicht frei, das ist ein großer Irrtum ! †

[moralisches Prinzip im positiven Sinne]

---

† *vgl. GG Artikel 5 Absatz 3 u. BVerfGE 24, 119. (hier : Verletzung Persönlichkeitsrechts)*

IMMANUEL KANT (*Königsberg* 1724 – 1804) postulierte bereits 1785 mit seinem KATEGORISCHEN IMPERATIV, salopp übersetzt, dass die Freiheit des Einzelnen dort endet, wo die Freiheit des anderen beschnitten wird. Wieder welche schreiben ein Lied, um ihrem Herz-Schmerz Ausdruck zu verleihen und am Ende zu überwinden. Nichtsdestoweniger manche auch ihrer Freude am Leben zu huldigen, wie „WHAT A WONDERFUL WORLD" (1967) von GEORGE DAVID WEISS (*US* 1921 – 2010) [Melodie] und BOB THIELE (* *US* 1955)[Text], ein Song, den/der LOUIS ARMSTRONG (*US* 1901 – 1971) unsterblich machte.

Doch bin ich der Auffassung, dass die meisten großen Songs, was ihre Popularität und ihren *Evergreen*-Charakter ausmachen, auf der Fahne der unerfüllten bzw. verblassten Liebe geschrieben stehen; ebenso aber noch existierender *Großer Liebe* gewidmet sind wie „MY HEART WILL GO ON" *by* Texter WILL JENNINGS (*US* * 1944) und Komponist JAMES HORNER (*US* 1953 - 2015) in der Interpretation von CÉLINE DION (*Kanada* * 1968).

Unterstreicht dies doch, welch nichtige Rolle Geld und Besitz spielen auf der Klaviatur künstlerischer Ideale. Alles dreht sich um das Gemüt, nicht um die Beute-Wirtschaft des Raubtieres „Mensch", weshalb der Mensch nicht überlebensfähig sein wird, nebenbei gesagt. Tiere nehmen aus der Natur nur so viel, wie sie brauchen, der Mensch nimmt sich mehr als er braucht, ist unersättlich ! Der moderne Mensch wird daher aussterben !‡

Doch zurück zu „MY HEART WILL GO ON", kleine Anekdote am Rande, als JAMES HORNER im *Cesars Palace* in *Las Vegas* der Sängerin und ihrem Ehemann RENÉ ANGÉLIL (*Kanada* 1942 – 2016) jenen großen späteren Hit am

---

‡*indigene-Völker sind uns "modernen" Menschen überlegen, insbesondere was Medizin, Spiritualität und die Verbundenheit mit der Natur als auch deren Verehrung anlangen.*

Klavier vorspielte, weigerte sich CÉLINE DION, das Lied aufzunehmen, weil der Komponist nicht singen konnte. Laut ihrer Auto-Biographie war es ihr Ehemann RENÉ, der seine Liebste „umzustimmen" verstand [vgl. CÉLINE DION: *Mein Leben - Mein Traum*. KRÜGER Frankfurt a. M. 2001; 295f.].

Das beweist, dass viele Musiker, Interpreten, Produzenten etc. bisweilen über wenig Umsetzungs-Phantasie in ihren Köpfen verfügen.

Ich selbst schrieb den Motorrad-Ohrwurm „HIGHWAY STARS", schickte denselben als Proberaum-Demo einer legendären Motorrad-Company des Produzierens wegen und bekam die Absage, der Song hätte sie nicht überzeugt, aber der Refrain sei ihnen nicht mehr aus dem Kopf gegangen; völlig absurd die Begründung ! — Viele Produzenten, auch deren Auftrag-Geber wie in diesem meinem Falle — man möge es mir verzeihen — hätten m. E. einen anderen Job sich suchen müssen.

Gleiches geschah mit meiner Bewerbung bei Firmen der Unterhaltungs-Branche, „quer durch den Garten", angefangen bei Schlager bis hin zu kräftigem Pop. — „Ja nee", meine Songs seien für den Markt ungeeignet, ließen sich nicht verkaufen.

Ich darf erwähnen, zeitlose *Evergreens* geschrieben zu haben, angefangen bei *Bänkel-* und *Wiegen*-Lied als auch *Western-Persiflage*, über *Chanson* und „guten" *Schlager* bis hin zur *Big-Band-* und *Hard-Rock*-Nummer.

Der Vergleich möge etwas hinken, aber denken wir an den *deutschen* Travestie-Künstler GEORG PREUßE (* 1950) und seine von ihm in Szene gesetzte Bühnenfigur „MARY". Man sollte nicht meinen, welch schillernden Vulkan-Ausbruch, welch kosmetisches Chamäleon dieser Künstler „auf dem Tablett serviert", i. Vgl. zu seiner nüchternen Maskulinität im Alltag; eine Riesen-künstlerische Leistung, meine Hochachtung !

Gerade *Produzenten* entbehren — ich bin gezwungen, mich zu wiederholen — der für ihre Arbeit so wichtigen Vorstellungskraft, wie selbst ein „Geschrammel" klingen könne, wenn dieses „Geschrammel" adäquat (entsprechend seinem angestrebten Charakter) arrangiert werde. Viele sind nicht in der Lage, die „Seele" eines Songs zu erkennen, sie verfügen über keinen künstlerischen *Impetus* (Antrieb). Und was noch hinzukommt, sind die mannigfaltigen unterschiedlichen Auffassungen dessen, wie ein Song konstruiert sein müsse: „Nee, das ist kein *refrain* ! Ich spiele Ihnen `mal was vor, wie ein *refrain* >auszusehen< hat" ! Und dann legte er irgendeinen von ihm selbst produzierten in meinen „Augen" billigen *deutschen* Schlager§ auf. Das genau war die Kritik an einem meiner besten Lieder, „STRIPTEASING GIRLS" — *b-cristiano.de/BIOGRAPHIE/biographie.html* Ohren-erheischend, Kniefälle vor Schönfärberei der Akustik.

Nähme man andererseits dem einen oder anderen wohlklingenden Song sein arrangiertes Kostüm, bliebe nur ein „Häufchen Elend" übrig.

Worauf es ankommt, ist „musikalisches Einfühlungs-Vermögen"; ob „Geschrammel" mit „Gekrächze", einen wahrhaft guten Song mit „Radio-Potenzial" erkennt ein Meister seines Faches sofort, er lässt sich nicht verführen von „Ohren-opportunistischen Klängen", er geht der Sache auf den Grund, wie eben CÉLINE's Gatte RENÉ ANGÉLIL für den künftigen Super-*hit* !

Analog zur Literatur-Szene, auch hier gehen viele erfolgversprechende Autoren „über den Jordan", weil nicht wenige Lektoren keine Phantasie besitzen oder politischer Gründe wegen, so in staatlicher Zensur-Hinsicht Autor MICHAIL AFANASSJEWITSCH BULGAKOW (*Kiew* 1891 – *Moskau* 1940).

---

§*Schlager ist nicht verachtenswert; denken Sie an* MARLENE DIETRICH *(deutsch 1901 – 1992) oder* ZARAH LEANDER *(Schweden 1907 – 1981); aktuell mitunter katastrophal!*

Verbesserungsfähig schlechthin, bezogen auf den Kern eines Liedes, sind selbst Titel, welche bereits einer fertigen Ausarbeitung sich „erfreuen". Hier geht es also nicht um die Übersetzung von „Geschrammel" in „Radio-Tauglichkeit", sondern um die Übersetzung von „Radio-Tauglichkeit" in *bessere* „Radio-Tauglichkeit", mit anderen Worten optimale Interpretation.

Wenn wir den Song „GANZ UND GAR" von MARIUS MÜLLER-WESTERNHAGEN (*deutsch* * 1948) nehmen und denselben vergleichen mit der Interpretation von PATRICIA KAAS (*Frankreich* / Elsass * 1966), muss ich gestehen — auch wenn mir persönlich das Original-WESTERNHAGEN-Lied überhaupt nicht zusagt — der Song als solcher erstklassig ist. Die KAAS und ihr *team*, i. e. Arrangeure etc., machen aus dieser Komposition einen anspruchsvollen „Renner", der aus dem Lied alles herausholt; von WESTERNHAGEN in meinen „Augen" „unter-interpretiert".

Anlangend das Interpretations-Kostüm, sprich *arrangement* usw., focussiere ich die Songs der schwedischen Band „ABBA" (AGNETHA FÄLTSKOG * 1950 / ANNI-FRID SYNNI * 1945 / BENNY ANDERSSON * 1946 / BJÖRN KRISTIAN ULVAEUS * 1945), empfinde ich deren zwar großartigen Lieder, meiner Haltung aber nach, als kommerziell arrangierten „Bonbon-Kitsch"; allerdings in der reinen Gitarren-akustischen „Neu-Fassung" (*arrangement*) des jungen „Sonnen-Vogels" GABRIELLA QUEVEDO (*Swedish* * 1997) als unübertroffen lebendig; sie führt die ABBA-Lieder zurück auf deren ihnen innen-wohnende „Seele" !

Man denke auch an TOM WARDLE (*British*) und seine Interpretation der „DANCING QUEEN"; und *Musical* „THE CHESS" (1984); Komponisten = BENNY & BJÖRN & TIM RICE (*British* * 1944) mit „**Fremd –Sängerinnen**".

Zu erinnern sei ebenso an den großen Sänger JOE COCKER (*British* 1944 – 2014) und seine „aufpolierten Interpretationen" anderer Titel.

Was ist ein Song und macht einen Song ?

Melodie & Text / Harmonie & Beat

Kurz und bündig, ein Song sind „Text & Melodie", wobei der Melodie Vorrang gebührt. Was sich unabänderlich einprägt, ist das Auf und Ab der Tonleiter. Bspw. „FRÈRE JACQUES" (Bruder Jakob) oder „ALLE VÖGEL SIND SCHON DA"; Melodien, die unvergänglich sind. Kommt dann noch ein mit der Melodie sympathisierender Text hinzu, verstärkt das die Wirkung des Liedes umso mehr als auch umgekehrt. Aber wie zitiert, „spielt die Melodie die erste Geige" !

Was den Text betrifft, ist in der Vergangenheit — zu meiner Zeit — immer wieder behauptet worden, die *deutsche* Sprache wäre zu plump, zu eckig, nicht geschmeidig genug, um gesungen werden zu können. Das *Englische* ließe sich „runder" artikulieren Auch das ist ein großer Irrtum, man kann die *deutschen* Silben so setzten, dass sie flüssig sind, man muss es nur können !

Beim Gesang ist darauf zu achten, dass derselbe klar und deutlich *artikuliert* wird, worauf RICHARD WAGNER (*deutsch* 1813 – 1883) stets großen Wert legte. Es geht dabei nicht nur um das Verstehen des Textes seitens Publikums, sondern ebenso um die Eingliederung der gesungenen Silben in die instrumentale Komposition; Text-*Artikulation* ist ein Beitrag zur Musik als solcher, ein zusätzliches klangliches Element, und je präziser und geschliffener die Verse gesungen sind, desto mehr steigern sie den „Glanz" eines Liedes.

Tipp nebenbei, wenn du ansetzt zu singen, muss die erste Silbe voll und ganz da sein, i. e. „aufgebläht"; klassischer Anfänger-Fehler, falls nicht. Die Stimme ist gefordert, nicht „lahm" und zurückhaltend daher zu kommen, sondern „*Kalaschnikow*-mäßig" ! „Geschossen wird sofort und unmittelbar", der Gesang fährt an, in der „*Pole-Position*" (erste beste Start-Position beim Rennwagen-Sport).

Nicht zu unterschätzen, ist ebenfalls der Rhythmus (akzentuierter *beat*), starke stampfende Rhythmen geben einem Song Kraft und üben neben der Melodie eine weitere Sogwirkung auf das Gemüt aus. Zu erinnern sind der auf einen Spiritual zurückgehende Song „FREEDOM", ausgeführt von RICHIE HAVENS (*US* 1941 – 2013); „ALL RIGHT NOW" *by* THE FREE (*London*) oder „SEVEN SECONDS" *by* NENEH CHERRY (*Stockholm* * 1964), gesungen zusammen mit dem *Senegalesen* YOUSSOU N'DOUR (* 1959).

Starke *beats* haben auch manch „flotte" Blues-Nummern [*Blues Company* mit TOSHO TODOROVIC (*deutsch* * 1951); ANA POPOVIC (*serbisch* * 1976)], womit der Bogen wieder geschlagen ist zur „*Afro-Musik*", von derselben der Blues seine Quelle bezieht, Stichwort „*Rhythm & Blues*".

Und dass Blues nicht eine Frage der Hautfarbe ist, beweist u. a. die *Mike-Andersen-Band* mit dem gleichnamigen *dänischen* Frontmann MIKE ANDERSEN (* 1977). Blues ist eben keine Sache der Hautfarbe, sondern des „*feeling´s*" !

Was einer Melodie den unverwechselbaren Schliff gibt, sind deren „*schillernden unerwarteten Tonhöhen-Sprünge*" wie in einer bekannten Ballade (1971) von KEITH RICHARDS (*British* * 1943) und MICK JAGGER (*British* *

1943), was harmonisch einfühlsame Akkord-Wechsel unterstreichen; me-
lodisch geht`s an einer Stelle in den Keller, i. e. von stimmlich hoch nach
tief. (*Ballade im ursprünglichen Sinne ist Art erzählendes Volks-Lied über*
besondere Ereignisse, schnell bzw. langsam, nicht unbedingt traurig)

Die Melodie meines Motorrad-Songs „HIGHWAY STARS" fährt ebenfalls in
den Keller von **E** auf **A** —

[*http://www.b-cristiano.de/ROCK_N_ROLLER/rock_n_roller.html*]

... Kriege, Baby, sind für Krieger da,

doch Siege, Baby, für den

←———————

Highway-Star

Harmonik bedarf einer **Melodie**, wovon sie ihren Ursprung nimmt, aus-
gedrückt in Akkorden. Die **Harmonik** meines Motorrad-Songs besteht aus
den drei Akkorden **E**, **G** und **A**.**

Anzufügen bleibt, dass die Melodie selbständig sich zu machen, von den
Akkorden sich zu lösen hat. Die Strophen meines „HIGHWAY STARS",
fußen ausschließlich auf dem E-Dur-Akkord, und trotzdem ist die Melodie
völlig autonom.

Die *Harmonie* fungiert einzig als „Hintergrund-Teppich" und „Stimmungs-
Macherin". Vergleichbar mit der Leinwand-Grundierung „Alter Meister" —
gemeint ist *Lasur*-Technik — welche für den koloristischen Gesamt-
Eindruck des Bildes sorgt, i. e. grünlich, bläulich oder rötlich etc., wobei

---

***Akkorde und deren Folgen unterliegen nicht dem Urheberrecht, da
die urheberrechtlich geschützte Melodie das Lied regiert.*

das Dargestellte schlechthin von der farblich definierten Stimmung sich losmacht, d. h. eigene Wege einschlägt.

Das ist eines der ersten Gesetze für den angehenden Melodien-Schmied: **Die Harmonien innerhalb deren Rahmen-Begrenzung nicht zu sprengen, aber zu verlassen** !

Akkorde

Je weniger Akkorde ein Lied hat, umso besser, nach dem *striptease*-Motto „Weniger ist Mehr", so sind zumindest die Rock `n´ Roller der Ansicht. Rock `n´ Roll hin, Rock `n´ Roll her, die Anzahl von Akkorden sagt nichts über die Güte eines Songs aus.

Es gibt 1-Akkord-Lieder, 2-Akkord-Lieder und Viel-Akkord-Lieder. Ein 2-Akkord-Song ist „BORN IN THE USA" von BRUCE SPRINGSTEEN (*US* * 1949) mit **A** und **D**, gemäß gewählter Tonart, hier A-Dur.

ELEANOR FARJEON´s (*British* 1881 – 1965) schrieb den Text zu „MORNING HAS BROKEN" (*Traditional Scottisch* 1931), neu aufgenommen, arrangiert und interpretiert von CAT STEVENS (*British* * 1948) in 1978, besitzt 7 Akkorde :

A, **B** (*engl. B* = deutsches H), **C**, **D**, **E**, **F**, **G** — ohne Varianten und ohne *Dur-/Moll*-Unterscheidung.

Vierzehn Grund-Akkorde[††] sind der „Kanon" des Lieder-Schmieds :

[††]*„Grund-Akkorde" der Gitarre entsprechen größtenteils Ansichts-Sache; auf jeden Fall sind sie einfach zu spielen und kommen am häufigsten vor. Wir gehen von vierzehn Akkorden aus.*

20

(Anzahl entspricht den 7 Tönen der Tonleiter; streng genommen 8 Tönen, da 1. und 8. Ton jeweiliger Leiter identisch sind)

sieben *Dur*-Grund-Akkorde = **A**, **B** (*engl.* B = deutsches H), **C**, **D**, **E**, **F**, **G**

sieben *Moll*-Grund-Akkorde = **a**, **b** (*engl.* b = deutsches h), **c**, **d**, **e**, **f**, **g** ;

hinzu kommen *Erhöhung* und *Erniedrigung*, hier um *Halbton*-Schritte:

A wird erhöht zu **Ais** (*Dur*) oder erniedrigt zu **As** usw.

a wird erhöht zu **ais** (*Moll*) oder erniedrigt zu **as** usw.

Tonart

Darüber hinaus darf auf die Tonart hinzuweisen sein, in welcher der Song geschrieben ist, zunächst ob *Dur* (*lat.* **hart**) oder *Moll* (*lat.* **weich**; hat mit „traurig" nichts zu tun ! — wird aber i. d. R. als *traurig* empfunden), und welcher der Grundton ist, in der konservativen Schule endet jeder Song auf dem Grundton, der damit die Tonart angibt.

Fällt es einem Sänger schwer, in der Tonart zu singen, in welcher der Song geschrieben steht, kann er die Tonart seiner Stimme gemäß verändern, auf der Gitarre durch Einsatz eines *Kapodasters*, i. e. mechanische Klemm-Zwinge zwischen Gitarren-Bünden (*Transponation*).

Einige Lieder mischen mindestens zwei Tonarten und darüber hinaus, was für den Interpreten eine Herausforderung bedeutet, denn er ist gezwungen, „stimmlich" im doppelten Sinne umzuschalten, einerseits mit seiner *physischen* Stimme an sich, andererseits die „Stimmung" der Vorgänger-Tonart zu verlassen, und auf dieselbe später wieder einzusteigen.

Computer-Programme sind in der Lage, Auswege für missglückte Ge-
sangs-Noten zu finden, sie bringen die ausscherende Stimme wieder „in
die richtige Spur" (physikalische Nach-Korrektur).

Mein Song „ENGEL BRENNEN LICHTERLOH", eine Rock-Ballade über eine
untergegangene Liebe, bedient sich zweier Tonarten, die Übergangs-
Strophe *Ich war so sehr verknallt* (steht in der **ersten** Tonart) ... zum
Refrain *Ja, wir Engel* (steht in der **zweiten** Tonart) :

1. Tonart

Ich war so sehr verknallt,
dass ich Feuer fing,
und ich gab dir dann meine Hand
und einen teuren Ring,
und einen teuren Ring !

*

2. Tonart

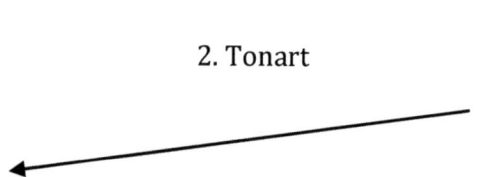

Ja, wir Engel, wir brennen lichterloh, wenn ein Feuer uns entflammt,
und weinen natürlich ebenso, wenn das Glück zerbricht, das uns verband !

Gekonnte Tonart-Mischungen bleiben dem konventionellen Zuhörer verborgen, fallen ihm nicht auf.

Ich empfehle dem Anfänger, erst einmal mit nur wenigen Akkorden zu arbeiten, i. d. R. mit drei einfachen Grund-Akkorden, damit ist auch das Verfangen, was Tonarten-Mischung anlangt, weitestgehend minimiert.

Doch bewegen diese Erwägungen sich außerhalb unseres Focus, uns geht es darum, die „Seele" eines Songs zu verstehen und einen solchen zu schreiben, nach konservativen Gesichtspunkten: Uns geht es nicht um Experimente !

Was mich als *Singing Songwriter* betrifft, habe ich mir die gerade `mal notwendigen Grundkenntnisse selbst beigebracht, ohne musikalisches Hintergrundwissen. Das hatte den großen Vorteil, und das gilt für jede Disziplin, den Blick für das Wesentliche zu behalten, i. e. mir nicht die musikalische Wahrnehmung durch die „Lehrbuch-Brille" verbiegen zu lassen, kurzum frei und ohne Vorbehalte die Materie in Angriff zu nehmen. Sagte ich bereits, dass viele aus der Branche sich hätten einen anderen Job suchen mögen, da dieselben schlicht und ergreifend voreingenommen sind : zu viel Theorie, zu wenig unverstellte Praxis, und gefordert ist die freie nicht „vergiftete" Bekennung zur Kunst, hier Musik.

Schon lange diskutieren die „zugenagelten Experten", worin der eigentliche Sinn des Textes von „A WHITER SHADE OF PALE" liegt. Man muss nicht den Text, und kann es auch nicht, Literatur-wissenschaftlich sezieren, wie der Gerichts-Mediziner seine Leiche. Die meinetwegen kryptischen Verse gelten der Liebe zu einer Frau, wobei Schiffs-Metaphorik aus der Poeten-Kiste einer der einst größten seefahrenden Nationen der Erde — genannt sei SIR FRANCIS DRAKE (*British* 1540 – 1596) — das lyrische

Geheimnis aufzuschlüsseln versucht. Und diese Liebe sorgt im Gemüt des Liebhabers für reichlichen Wirbel etc. Den Text rational ausloten zu wollen, entspringt dem fehlgeleiteten Willen eines Bornierten; KLAUS KINSKI [*Klaus Günter Karl Nakszynski* (geb. in *Polnisch Sopot bei Danzig* 1926 – 1991)] würde brüllen: „*Crétin*" ! Es bedarf nicht eines akribischen Verstehens, lasse der Zuhörer sich beflügeln von der kaleidoskopartigen Montage der Bilder, und selbstverständlich der sehnsuchtsvollen Melodie und ihrer orchestralen Inszenierung. Das gleiche betrifft den genialen Song „MUSICA È" [*parole e composizione by* ADELIO COGLIATI (*Italien* * 1948) / PIERANGELO CASSANO (*Italien* * 1948) / EROS RAMAZZOTTI (*Italien* * 1963)], gesungen von EROS RAMAZZOTTI & LUCIANO PAVAROTTI (*Italien* 1935–2007). Man braucht den Text nicht zu verstehen — er ist eine Hymne auf das Leben — um sich gefangen nehmen zu lassen von den beiden meisterlichen Stimmen, dazu kommt die klangliche Bravour des *Italienischen* ! Vgl. ADELMO FORNACIARI (*Italien* * 1955); = *genannt* „ZUCCHERO".

Nehmen wir ein Beispiel aus der Kunstgeschichte : DIEGO RODRÍGUEZ DE SILVA Y VELÁZQUEZ (*Spanish* 1599 – 1660) und sein legendäres Bild, bekannt unter dem Namen „LAS MENINAS" (Die Hoffräuleins) von 1656. Seit Entstehung des Bildes rätselt die Fachwelt, was der Maler denn gemeint haben könne; und dabei ist die Lösung recht simpel. Selbstverständlich geht es nicht um die Porträtierung der Hof-Fräuleins, es ist das Porträt der Prinzessin MARGARITA THERESA VON ÖSTERREICH (1651 – 1673), wobei die Relativität von Größe und Erscheinung thematisiert ist, letztlich jedoch eine in Öl gefasste platonische Liebes-Erklärung VELÁZQUEZ's an das damals erst fünfjährige Kind. Man braucht dazu keine

Gelehrten-Bibeln zu wälzen, um das Bild zu begreifen, man schaue es sich einfach unvoreingenommen an, dann fällt der Groschen : der Widerspruch zwischen politischer Größe und Erscheinung. Das näher auszuführen, sprengte den Rahmen unseres Themas; möge der Leser in meinem phantastischen Roman „DER HERR DER ZEDERN" nachschauen, wo VELÁZQUEZ sein Bild höchstpersönlich erklärt.

Takt, Synkope und Akkord-Länge

Zurück, einen Song bestimmt ferner dessen Takt, der einfachste und am meisten gebräuchlichste ist neben dem 3/4 – der 4/4 – Takt , der Zähler legt die Zähleinheit, i. e. die Schläge innerhalb eines zeitlichen Rahmens fest (hängt ab vom *Tempo*, siehe *Metronom*, „*beats* per minute" *bpm*), der Nenner die Länge der einzelnen Noten, hier 3X bzw. 4 X die Viertel-Note :

eins zwei *drei* / **eins** zwei *drei*   *usw.*

eins zwei **drei** vier / **eins** zwei **drei** vier   *usw.* ‡‡

Ebenso hier kommt es, ähnlich wie beim Tonarten-Wechsel, zu Mischungen. Berühmtestes Beispiel ist „ALL YOU NEED IS LOVE" von JOHN LENNON (*British* 1940 – 1980) [„Bestien-Mord" an LENNON ist Tragödie !] & PAUL MCCARTNEY (*British* * 1942), wo ein 4/4-Takt von einem 3/4 Takt gelungen abgelöst wird, und deshalb vom Zuhörer unbemerkt bleibt. Und wo, ganz allgemein gesprochen, der Takt-Wechsel auffällt, derselbe keinen Bruch erleidet, da er sich balancierend in das Gesamt-Gefüge, sprich *Komposition*, eingliedert.

---

‡‡*Siehe: http://www.lehrklaenge.de/PHP/Grundlagen/TaktartenEigenschaften.php*

Meine Kritik an vielen *Kompositionen* **aktueller** deutscher Musik, i. d. R. schnelle Stücke, sind bei 4/4-Takten die Bass-Trommel-Schläge auf den üblicherweise ersten betonten und dritten, zwar auch betonten, jedoch schwächeren Akzent : und mit den hier akzentuierten Zähl-Einheiten mitlaufen, was einen Song meines Empfindens nach schwer und schleppend macht, mit anderen Worten „Marschmusik". — Interessanter ist eine Bass-Trommel, welche nicht auf die **erste** und **dritte** betonte 4/4 - Zähl-Einheit geht, sondern mittendrin sich einmischt, *europäisch* unbetonte Schläge betont, wie etwa die **zwei** und die **vier**, eine Art Gegen-*beat* (Akzent-Verschiebung / *Off-B*eat = keine Synkope !); Betonungs-Verlagerungen, denen man zumeist in der Musik *Afrikas, Latein-Amerikas* und der *Karibik* begegnet (*Samba, Tango, Reggae* usw.).§§ Das gibt der Musik Frische und Lebendigkeit, desgleichen der Gesang sich dessen bedienen sollte, was ich persönlich als „versetztes Singen" bezeichne !

einzelner 4/4 Takt (europäisch betont)

(1) STARK   (2) leicht   **(3) weniger STARK**   (4) ganz leicht

Die *afrikanischen, latein-amerikanischen* und *karibischen* Klänge betonen anders als die *europäischen.* Näheres dazu bei NANA ZEH (siehe Fußnote).

Stichworte sind **KO-METRIK** und **KONTRA-METRIK** —

Gesangsmäßig ist zu empfehlen — wie vorstehend berichtet — die einzelnen Silben des Verses nicht auf die **erste** Zähleinheit zu setzen, sondern auf die **zweite** usw., all das sorgt für das Aufbrechen gleichgeschalteter

---

§§*der **Begriff** „Synkope" in der afrikanischen, latein-amerikanischen u. karibischen Musik ist wissenschaftlich präzise definiert, oft missbräuchlich verstanden, in der Praxis geht es schlicht und ergreifend um eine andere Akzentuierung gegenüber Europa .Vgl. NANA ZEH: Samba und der Groove. Humboldt-Universität Berlin 2010; 8.*

26

Takt-Monotonie. Zu verweisen ist hier auf „BACK TO BLACK", gesungen von AMY WINEHOUSE [(*British* 1983 – 2011); Text und Komposition, AMY WINEHOUSE & MARK RONSON (*British* * 1975)].

Ferner kann der Sänger Silben eines Verses „kaugummimäßig" dehnen, aber ebenso „galoppartig" zusammenziehen etc.

(vgl. *Artikulation / Phrasierung*).

Als blutiger Laie bediente ich mich bereits früh, der Tonarten- sowie Takt-Wechsel als auch der **Synkope**, ohne mir dessen bewusst zu sein.

Um auf die Akkord-Folge zurückzukommen, muss ein Akkord nicht unbedingt einen vollen Takt dauern, derselbe darf ebenso einen halben Takt ausmachen. Mein Wiegenlied „SANDMANN" (*C-Dur*) besteht zum größten Teil aus Halb-Takt-Akkorden, hier die erste Strophe :

erster Takt = F-Dur \ C-Dur

zweiter Takt = G-Dur \ D-Moll

F   C   G   Dm

Wenn die / bunten La \ -ternen / abends an \ -gehn , und die /

F   C   G   Dm

/ schnurenden \ Katzen um die / ——Häuser \ ziehn. / ——Wenn im /

F   C   G   Dm

/ Schatten der \ Bäume die / Eule dich \ ruft, und eine /

F   C   G   Dm

/ Truhe mit \ Träumen auf / ——Wanderschaft \ geht. / ——

Was die einfachen Lagerfeuer-Grund-Akkorde betrifft, also ohne deren vielen Varianten, plädiere ich für das Arrangement erfahrener Musiker, die entsprechend umsetzen. Wie ich für meinen Teil überhaupt Ausschau halte nach fähigen Arrangeuren, welche meine Lied-Kompositionen in „Radio-fähige" Musik übertragen. Abgesehen davon können viele, nicht bloß meine Lieder, mit simpler Grund-Akkord-Begleitung gesungen werden, falls die Stimme hervorstechend ist, i. e. brillant. Als *Singing Songwriter* spiele ich ein paar Stücke von THE ROLLING STONES mit einfachem Lagerfeuer, es funktioniert, habe meine Stimme weit mehr als 20 Jahre trainiert, lohnt sich, falls du über gesangliches Talent verfügst.

Deine Stimme muss nicht „Edel-Gefunkel" sein, doch sollte sie ausdrucksstark und individuell, sprich „idealerweise" unnachahmlich sein, von anderen Stimmen sich abheben, sofort wieder erkennbar sein. Ich denke u. a. an ROGER CHAPMAN (*British* * 1942); CHRIS ISAAK (*US* * 1956); JIM MORRISON (*US* 1943 – 1971); JOHNNY CASH (*US* 1932 – 2003); JOE COCKER (*British* 1944 – 2014) oder CRIS REA (*British* * 1951) usw. Sicherlich, kann man das nicht von jedem Lieder-Schmied verlangen — ist naturgegeben — nichtsdestoweniger von Vorteil, um in der Branche was zu erreichen.

Ich persönlich favorisiere, betreffend männlichen Gesang, tiefe Stimmen, erwähnten JIM MORISSON von „THE DOORS"; BILLY IDOL (*British* * 1955) oder eben wieder JOHNNY CASH, doch das ist ein weiteres Mal eine Sache von Geschmack — ADRIANO CELENTANO (*Italy* * 1938) ! Erinnert sei auch an WILLIS CONOVER (*US* 1920 – 1996); den Jazz-Moderator von *Voice of America*, zwar kein Sänger, doch eine erstklassige *sonore* Stimme !

Viele *Songwriter* sind zwar des Singens mächtig, doch viele Stimmen sind einfach „*langweilig*" (vgl. *timbre*), mögen dieselben noch so gut und ausgereift sein. Gerade in der *Popular*-Musik ist die Unverwechselbarkeit des Gesangs ein großes „Plus". Hier gilt das Axiom (Gesetz) : **ausdrucksstarke Unverwechselbarkeit ist mehr als handwerkliche Souveränität !*****

Unverwechselbar überhaupt, weil einzigartig auf ganzer Linie, ist HERBERT GRÖNEMEYER (*deutsch* * 1956), „gegen den Strich" lautende Texte als auch Stimme (vgl. „DER WEG"; 2002); weshalb er lange Zeit von Kabarettisten durch den Kakao gezogen wurde, was ich immer für geschmacklos gehalten habe. Die „Kreis-Sägen-Stimme" MARIANNE FAITHFULL (*br.* * 1946) !

Vieles in *Deutschland*, was „gegen den Strich" läuft, wird aufgegriffen, um daran sich zu profilieren; eine Art *Intoleranz*, wie überhaupt in unserem Lande ein „echter Künstler", sofern er unbekannt ist, von oben herab belächelt wird, *Arroganz* eben gegenüber denen, welche einen Beitrag für die Gesundung unserer Gesellschaft leisten; m. a. W. Spießigkeit†††,

„Was der Bauer nicht kennt, das frisst er nicht" !

Human-Kultur dient unserem gemeinen Wohl und trägt wesentlich zum sogenannten „Brutto-National-Einkommen" bei (BNE).

Kunst, Kunstgeschichte und *Künstlertum* sind, auch volkswirtschaftlich gesehen, wichtige Ecksteine unserer kollektiven seelischen Befindlichkeit.

Sprüche wie > *Kunstgeschichte* wäre ein „Orchideen-Fach" <, ein künstlerisches Studium brächte nichts außer Fürsorge-Ansprüche nachher geltend machen zu können etc., klopfen diejenigen, welche die kulturelle Untermauerung unserer Gesellschaft verkennen. Wir *Deutschen* schätzen die Anstrengungen der in dieser Branche, sprich *Kreativ-Wirtschaft*, tätigen

---

*** *handwerkliche Souveränität ist der* **Überzeugungs-Kraft** *des Popular-Sängers untergeordnet!* **R. STEWART** *(British * 1945);* **T. Jones** *(British * 1940);* **M. Reim** *(deutsch * 1957) !*
†††*Denken Sie an das diskriminierende undankbare Gerede über den sozialen Abstieg von* HELMUT BERGER *(Austria * 1944), einst ein großer Schauspieler, „es ist sein Bier" !*

„Arbeiter" zu gering, **weil wir *Deutschen* einem überzogenen *Materialismus* huldigen** [Regenwald-Abholzung durch andere in *Amazonien, Sibirien u. Indonesien* ! (Ausbeutung Sibiriens an *Öl,* in Wald u. Eis)]. Wäre dies nicht so, bräuchten viele, die ein künstlerisches Fach in Angriff nehmen, nicht zu fürchten, irgendwann auf der Straße zu landen [vgl. das oft schmale Jahres-Einkommen studierter Musiker (*Orchester, Jazz* etc.) als auch Schauspieler usw. jeglicher *Couleur*]. Das ist bedauerlicherweise die „positive Folge" der *Corona*-Krise, sich des Gesagten endlich bewusst zu werden. **Im Übrigen hat das „Disziplinen-Leporello" *Kunstgeschichte* weniger mit „einen REMBRANDT an die Wand nageln" zu tun, als vielmehr mit *Mode, Design, Photographie* und *Architektur* etc. Disziplinen, welche daran beteiligt sind, unser Gemüt zu heben und damit zur wirtschaftlichen Prosperität beizutragen; denn *Ästhetik* und *Kapital* stehen in einer sich gegenseitig bedingenden Beziehung.** Oder möchten Sie in einem schmuddeligen Laden einkaufen, in einem heruntergekommenen Café, „die Wampe mit Kuchen sich vollschlagen" oder in Krankenhäusern mit kalten weißen Wänden dem Operateur Ihr Vertrauen schenken ? (vgl. JOSEPH BEUYS: „KUNST = KAPITAL")

Arrangement und Studio-Einspielung

Was ein Arrangeur benötigt, sind in erster Linie **Harmonien**, also Akkorde — nebenbei bemerkt, die frühen ROLLING STONES entwickelten wunderschöne Harmonien wie „AS TEARS GO BY" [Verse & Komposition *by* ANDREW LOOG OLDHAM (*British* * 1944); KEITH RICHARDS, MICK JAGGER]; „ANGIE" [Verse & Komposition *by* RICHARDS & JAGGER / beide auch „Glimmer Twins" tituliert] etc. — den **Takt** als solchen (3/4; 4/4 usw.), dessen Gesamt-Anzahl im Song, und die **Tonart**, wenn gegeben deren Wechsel. Vor allen Dingen die urheberrechtlich geschützte **Gesangslinie**, die ich in meinem Falle, welcher der Notation nicht mächtig ist, auf Tonträger mitliefere (*home recording*), wo der komplette Song mitgeschnitten ist.

Es darf ohne weiteres „Gitarren-Geschrammel" sein; Hauptsache, der Arrangeur weiß, worum es sich dreht, um das noch in den Kinderschuhen steckende Instrumental-„Geschrammel" zur Blüte zu bringen.

Wenn die Takte von Anfang bis Ende des Songs zahlenmäßig feststehen, können solche *home-recording*-Aufnahmen durchaus als **Pilot-Spuren** dienen. Eine **Pilot-Spur** ist ein fließendes Korsett des gesamten Songs, an welchem auch Musiker bei Studio-Aufnahmen sich orientieren können, in erster Linie von äußerster Gewichtung für den Schlagzeuger, falls die einzelnen Stimmen separat nacheinander aufgezeichnet werden, wie etwa **Schlagzeug** (erste Einspielung), **Bass** (zweite Einspielung), **Tasten**- und/oder **Melodie**-Instrument (dritte und/oder vierte Einspielung) sowie schlussendlich der **Gesang** als krönende fünfte Einspielung.

Schlagzeug und Bass sind im Übrigen das Rückgrat einer jeden Band !

Die Rhythmus-Gruppe ist die halbe Miete ! Sie bestimmt im Hintergrund das Fließen der Musik, nimmt erheblichen Einfluss auf die Melodie-Stimmen, **und das** „*incognito*" ! für den Laien i. d. R. unbemerkt.

Daher sollte der Bass meiner Empfindung nach, abmischungs-technisch, eine nicht „kleine Rolle" spielen, ebenso wie die Trommel (gilt u.a. für *Rock*-Musik). Studio-Techniker, welche die Rhythmus-Gruppe in den Hintergrund schieben, unterschätzen m. E. die Bedeutung *Afrikanischer*-Musik für die Popular-Musik des 20sten Jahrhunderts; unterliegt aber auch „musikalischen Moden" und Geschmäckern.

Höre den Erfolg von „BILLIE JEAN", interpretiert und geschrieben *by* MICHAEL JACKSON (*US* 1958 – 2009).

Simultan-Einspielung ist ebenfalls möglich, wenn die komplette Band, oder schlichtweg mehrere Musiker wie *Duo* oder *Trio* etc., zur gleichen Zeit loslegen; Voraussetzung ist, die Musiker sind „fit".

Der Arrangeur von heute arrangiert am Computer, es existieren ausgezeichnete Programme, die dieses ermöglichen. Das, was bei der separaten Stimmen-Einspielung vonstattengeht, simuliert er digital am Schreibtisch.

Die jeweiligen zu notierenden Stimmen zeichnet er synthetisch auf, um sie anschließend Musikern aus „Fleisch und Blut" vorzulegen, damit diese sie spielen. Bekanntestes Beispiel war JAMES LAST (*deutsch* 1929 – 2015) mit orchestraler Instrumentierung (*Big Band*), eine gewaltige Aufgabe !

Wie überhaupt Musik nach Möglichkeit mit so wenig Maschinen-gesteuerten „Klängen" auskommen sollte : kein *drum*-Computer‡‡‡, kein Digital-Bass usw. Musik, ob *live* oder „aus der Konserve", muss „Menschen-gemacht" sein; ausschließlich der „leibhaftige" Musiker ist in der Lage, Gefühle zu transportieren, nicht der Rechner; der Rechner hat und

---

‡‡‡*Man ziehe dahingehend den zeitgenössischen deutschen Schlager in Erwägung, wo die „base-drum-Maschine" nicht selten rein elektronisch daherkommt, obendrein ohne jegliche Akzentuierung (gleichmäßige Impulse), eben „Maschinen-Gewehr-mäßig"; das Lied wird in den Kopf eingehämmert bis zur nervlichen Verdummung, weswegen solche „Musik" eine dem Kokain vergleichbare aufputschende Wirkung erzielt; auch hier wieder „Marsch-Musik" ! Helene Fischer´s (russisch * 1984) u. Andrea Berg´s (deutsch * 1966) Interpretationen m. E. bisweilen ohne Fleisch u. Blut, ebenso gleichmäßige Impulse ohne Rhythmik .*
Gute Schlager sind die gesanglichen Interpretationen der COMEDIAN HARMONISTS *(1928 – 35); „WUNDERBAR" (dt. Übersetzung) von* COLE PORTER *(US 1891 – 1964) aus dem Musical „KISS ME, KATE" (1948); und „AUF DER REEPERBAHN NACHTS UM HALB EINS", gesungen von* HANS ALBERS *(dt. 1891 – 1960). Obwohl meine „base-drum-Kritik" bisweilen auch seine Interpretationen betreffen, möchte ich* **ROLAND KAISER** *(deutsch * 195 2) dazu rechnen; in bejahendem Sinne !*

kennt keine Seele, derselbe funktioniert lediglich auf Programmierung der beiden physikalischen Zeichen „0" und „1" (*bi*-när).

Man höre den Song „DREAMS" auf dem Album „RUMORS" (1977) von FLEETWOOD MAC, geschrieben und gesungen *by* STEPHANIE LYNN (*US* * 1948), wo die Rhythmus-Gruppe, d. h. *base & drums*, als auch die anderen Instrumente *analog* hervorragend ins Ohr sich „schrauben"; nicht umsonst ein Riesen-*hit* war.

Analoge Musik hat i. Vgl. zu *digitaler*-Musik den wärmeren Klang, wenn man überhaupt von warmem Klang bei *digitalem sound* sprechen darf.

Ebenso wenig die *„Künstlerische"* oder *„Hohe Schule der Photographie"* unabdingbar *analog* ist.

Gebührt *analogem sound* **Wärme** (Bass, Stimme etc.), gewinnt *analoge* Photographie gegenüber *digitaler* an **Tiefe**, weil letztere flach ist, i. e. an *Drei-Dimensionalität* einbüßt.

Strophe, Bridge und Refrain

Die klassischen konservativen Grund-Bausteine eines Songs sind **Strophe**, **Übergang** (*bridge*) und die mehrmals zu wiederholende **Haupt-Aussage** (*refrain*), wobei zusätzlich „garniert" und variiert werden darf, wie bspw. mit instrumentaler Einleitung *oder* als Einleitung direkt mit dem *refrain* anzufangen, zweitem *refrain* oder Nachklapp usw.

Die Verse der Strophe machen zum Inhalt, wovon der Texter zu berichten weiß, eine Art Vorbereitung auf das Thema. Der Übergang, insbesondere der melodisch-instrumentale, die *bridge*, treibt auf den *refrain* zu, die Haupt-Aussage. Sie ist die Spannung erhöhende Brücke zwischen *Strophe* und *refrain*, sie hat Mittler-Funktion. **Bei einem guten Song schürt die bridge die Erwartungs-Haltung des Zuhörers auf den *refrain*,** er kann es kaum aushalten und giert danach, den erlösenden *refrain* schlussendlich zu hören.

Hier ist die Melodie-Führung ausschlaggebend, weniger der Text[§§§]. Es ist eben eine Frage des Gemüts, weniger der gedanklichen Botschaft. Der *refrain* beinhaltet die Kern-Aussage sowohl des Textes als auch der Melodie. Der *refrain* eines gelungenen Liedes sollte **Ohrwurm-Charakter** besitzen, weshalb derselbe schnell mitgesungen werden kann. Text und Melodie müssen aufeinander abgestimmt sein, gegenseitig sich ergänzen und dadurch — wie bereits aufgezeigt — gegenseitig sich aufladen, i. e. die Melodie bekräftigt und steigert den Text in seiner Wirkung wie umgekehrt (vgl. „SCHMUDDELKINDER" von F. J. DEGENHARDT); die Rezeptur gerade gefühlvoller Balladen, doch ebenso kräftiger Rock-Nummern.

Zu nennen sind LEONARD COHEN (*Kanada* 1934 – 2016) mit „**SO LONG MARIANNE**" (1967); ALICE COOPER (*US* * 1948) mit „**POISON**" (1989); METALLICA (*US* gegr. 1981) mit „**NOTHING ELSE MATTERS**".

Hinsichtlich Ohrwurm-*refrain* will ich anekdotisch einstreuen, besuchte einen 1-Euro-Shop, war bereits auf der Flucht nach draußen — verabscheute diesen Laden — als „HERO", gesungen von ENRIQUE IGLESIAS[****] (*Spanish* * 1975) [Verse & Komposition *by* ENRIQUE IGLESIAS, PAUL BARRY

[§§§]*Doch möchte ich betonen, dass auch die gedankliche Botschaft einen großen Stellenwert einnimmt, wenn die Melodie dazu stimmig ist. Denken wir an „DEAR MR. PRESIDENT", interpretiert by PINK [composition & lyrics by ALICIA MOORE (= PINK US * 1979) u. WILLIAM MANN (Indian 1924 – 1989)].*
Denken wir auch an „DER GUTE KAMERAD" (Text von LUDWIG UHLAND, deutsch 1787 – 1862 / Komposition von FRIEDRICH SILCHER, deutsch 1789 – 1860).
[****]*Vater JULIO IGLESIAS (Madrid * 1943) empfinde ich als künstlerisch besser.*

(*British*) & MARK TAYLOR (*British* * 1961)], aus den Lautsprecher-Boxen drang. Ich blieb stehen, und konnte mich nicht mehr von der Stelle rühren, solange bis der rettende *refrain* schließlich erklang ! Ein genialer Pop-Song, ein unvergleichlicher Sänger ! — Ein „Ohren-Bonbon" !

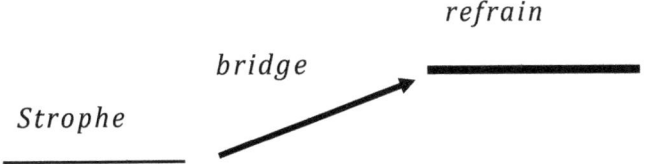

Die *bridge* muss nicht unbedingt einem Akkord-gebundenen Schema verpflichtet sein, nach der Devise :

Strophe = Akkorde **A** und **B**

bridge = Akkorde **C** und **D**

refrain = Akkorde **E** und **F**

Die *bridge* kann ebenso ausschließlich gesanglich-melodisch definiert sein. Nehmen wir DRAFI DEUTSCHER's „MARMOR, STEIN UND EISEN BRICHT", Text *by* GÜNTER LOOSE (*deutsch* 1927 – 2013); Komposition *by* CHRISTIAN BRUHN (*deutsch* * 1934) und DRAFI DEUTSCHER (*deutsch* 1946 – 2006),††††

hier die stark vereinfachte *A-Dur-Tonart*-Version auf **A**, **E** und **D**

(*Original in D-Dur*) :

---

††††**MARMOR, STEIN UND EISEN BRICHT**
Musik: Christian Bruhn / Drafi Deutscher
Text: Günter Loose
© *1965 by Nero Musikverlag GmbH & Co. oHG*
mit freundlicher Genehmigung des Verlages

Die vierzeilige Strophe (gemäß *A-Dur-Tonart*) sei dann konstruiert auf :

A, E und **A**) / weine nicht ... dam, dam, dam dam

(*erster Vers* = zwei Zeilen)

darauf Wiederholung des Ganzen

(*zweiter Vers* = zwei Zeilen),

Strophe 1

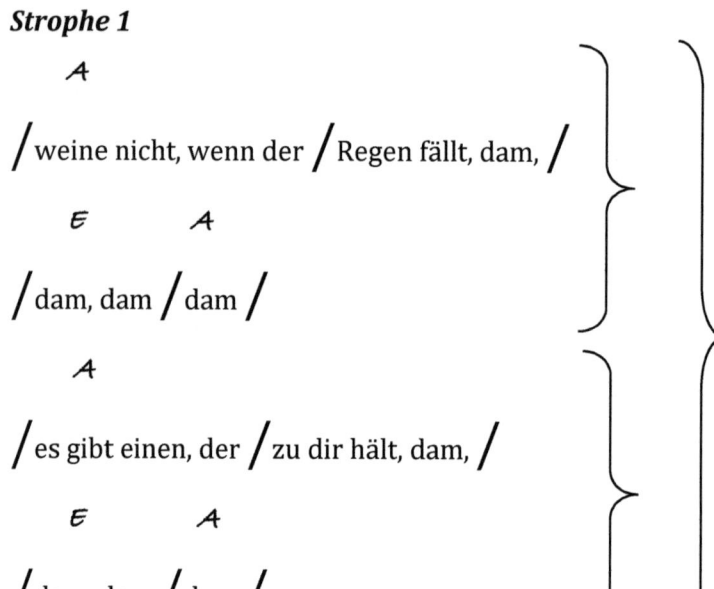

A

/ weine nicht, wenn der / Regen fällt, dam, /

E   A

/ dam, dam / dam /

A

/ es gibt einen, der / zu dir hält, dam, /

E   A

/ dam, dam / dam /

Bei dem sofort folgenden *refrain* tritt **D** hinzu

mit **A, D** (= Marmor, Stein und Eisen bricht)

und **E, A** (= aber unsere Liebe nicht)

mit **A, D** (= alles, alles geht vorbei)

und **E, A** (= doch wir sind uns treu)

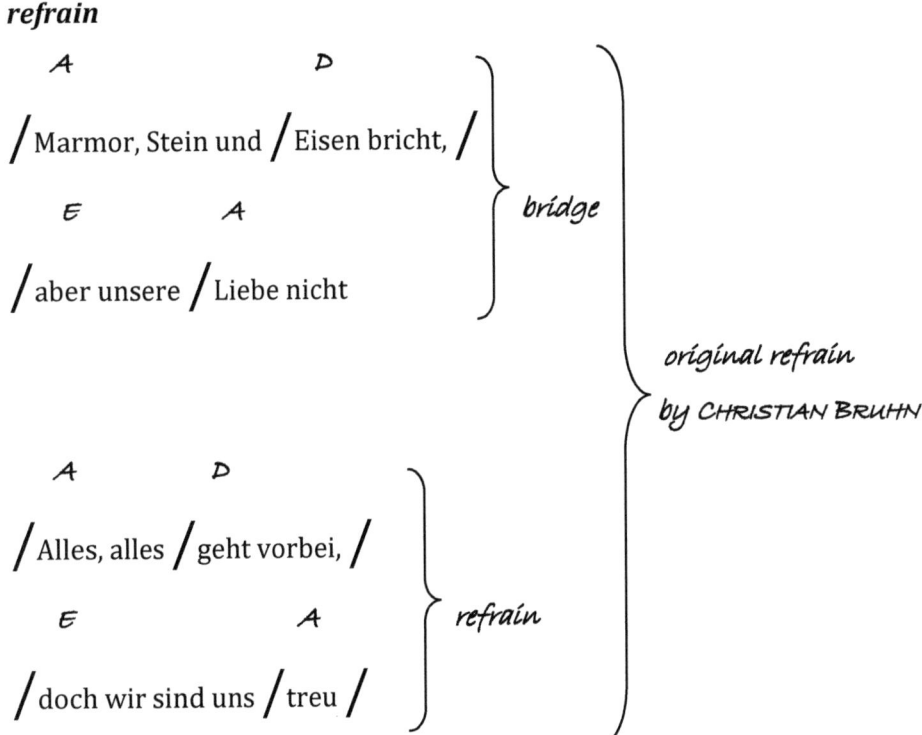

refrain

A   D

/ Marmor, Stein und / Eisen bricht, /

E   A

/ aber unsere / Liebe nicht

bridge

original refrain
by CHRISTIAN BRUHN

A   D

/ Alles, alles / geht vorbei, /

E   A

/ doch wir sind uns / treu /

refrain

Man dürfte bei dem tatsächlichen originalen *refrain* — **rein fiktional „gesehen"** ! — die beiden ersten Zeilen „*Marmor, Stein* . . ." ebenso als *bridge* auffassen, und die Akkord-Wiederholungen der nächsten zwei Zeilen „*Alles, alles* . . ." als *refrain*, **falls die Stimme diese beiden letzten Zeilen entsprechend höher sänge**; ähnlich der Stimmlagen-Erhöhung in dem zweiten Nachklapp-*refrain* nach der darauf folgenden *Strophe*.

CHRISTIAN BRUHN arrangierte aber anders, er begriff sämtliche vier Zeilen als einen einzigen *refrain*. BRUHN's Arrangement kennt keine *bridge*; ähnlich — wie bereits bekundet — BRUCE SPRINGSTEEN's „BORN IN THE USA".

Zumindest könnte man die als kompletten *refrain* geltenden Verse von „MARMOR, STEIN UND EISEN BRICHT" so betrachten wie hier **rein fiktiv** angenommen; *es ist eine Frage der Perspektive und damit des Arrangement.*

Was die musikalische Einschätzung eines Liedes anlangt, dürfte man, aber nur dürfte ! eines **empfundenen** Tonarten-Wechsels bei einer „ROLLING-STONES-*Ballade*" sich nicht erwehren, eines Songs, wo ungeübte Laien vergebens darüber diskutieren, ob es **eine** Tonart sei oder **zwei** Tonarten seien; gemeint ist die „klangliche Unterschiedlichkeit" zwischen *Strophe* und *refrain*. Die Gesangs-Linie ist — für den derart Empfindenden — so „unerwartet" zur Harmonie (Akkorde) gesetzt, dass man zu einer solchen Annahme verleitet sein könnte.

Nichtsdestotrotz, ein genialer Song, und alleine darauf kommt es an, eben auf dessen „Seele", und weniger auf musikalische Theorie !

Um Interpret DRAFI DEUTSCHER bzw. Texter GÜNTER LOOSE nochmals aufzugreifen, haben manche „grammatischen Uhrmacher" und „schulmeisterlichen Oberaufseher" behauptet, es müsse heißen : „Marmor, Stein und Eisen »**brechen**«", da *Mehrzahl*. Auch diesbezüglich ist „MARMOR, STEIN UND EISEN" als einziger Begriff zu deuten, also *Einzahl*, je nachdem, wie man die Angelegenheit betrachtet.

In der Kunst ist theoretische Besserwisserei fehl am Platze, es zählen Ein- und Ausdruck, und nicht, was ein verkopftes Regelwerk vorschreibt. Selbst *Maler*, *Bildhauer* und *Architekten* gehen über Regelwerke hinweg, um Gefallen willens.

Man denke nur an die koloristische Subjektivität eines CASPAR DAVID FRIEDRICH (*deutsch* 1774 – 1848); an die auf Seh-Perspektive ausgerichteten Bildhauer-Arbeiten der griechischen Klassik, wo je nach Aufstellungs-Höhe Gliedmaßen vergrößert sind, damit dieselben „von unten" als nicht „zu klein" erschaut werden; oder an die Architekten des PARTHENON-Tempels (480 – 430 v. Chr.), wer auch immer sie gewesen sein mögen, welche, um der Schummel-Physik des menschlichen Auges „ein Schnippchen zu schlagen", den Boden des gleichnamigen Bauwerks konvex, i. e. hier „nach oben gewölbt", bauten, da die sich verjüngenden Fluchtlinien der Säulen für eine nach unten hängende Boden-Mulde verantwortlich sind, selbstverständlich eine optische Täuschung.

Letzteres betreffend nannte das der männliche Protagonist meines Romans „HÉLÈNE DAS GEHEIMNIS DER FALSCHEN MONA LISA" „Eindrucks-Architektur". Viele politisch intendierte Architekturen möchte ich im Übrigen „Ausdrucks-Architektur" titulieren, wuchtig und monumental, eine Variante der von mir als „expressionistisch" empfundenen Baukunst analog der Ausdrucks-Stärke des *Hard-Rock*-Songs „ROCK `N´ ROLL FÜR MARQUIS DE SADE".

[*http://www.b-cristiano.de/TROUBADOUR/troubadour.html*]

Zurück zur *bridge* und der Frage einer gesonderten Akkord-Folge bzw. der Melodie-Vorgabe, oder auch was ich als *bridge* verstehe und was als *refrain*. Mein Song „PETER STUYVESANT" möge Beispiel sein:

[*http://www.b-cristiano.de/TROUBADOUR/troubadour.html*]

Strophe 1

| D | Hm | G | A |

In / ferne Länder, dahin / fährt ein Schiff, und am / Horizont ist es ganz / klein.

| D | Hm | G | A |

Und ich / träume davon, es / nimmt mich mit, als / blinden Passagier so / ——ganz al-

lein.

Strophe 2

| D | Hm | G | A |

Und / unter Deck, da / sitze ich dann und / atme das Salz des / Ozeans.

| D | Hm | G | A |

Und die / Brandung tobt, und ein Ma / -trose, der schreit: Noch / kein Land in Sicht seit

einer / Ewigkeit.

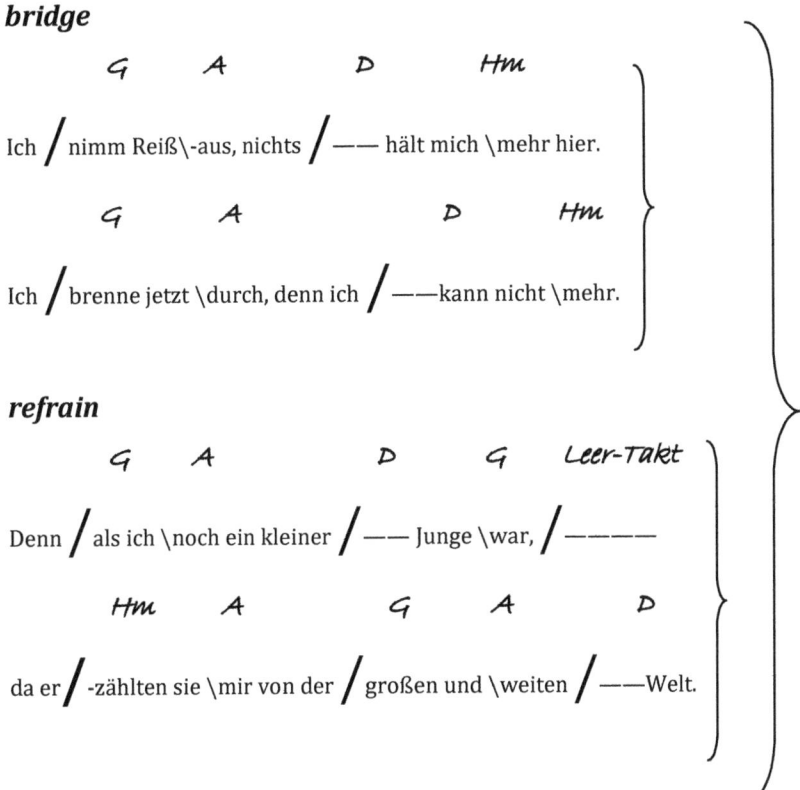

bridge

      G   A   D   Hm

Ich / nimm Reiß\-aus, nichts / —— hält mich \mehr hier.

      G   A   D   Hm

Ich / brenne jetzt \durch, denn ich / ——kann nicht \mehr.

refrain

      G A   D   G   Leer-Takt

Denn / als ich \noch ein kleiner / —— Junge \war, / —————

      Hm   A   G   A   D

da er / -zählten sie \mir von der / großen und \weiten / ——Welt.

Um es kurz zu machen, kann man die Bausteine *Strophe*, *bridge* und *refrain* auch hier anders definieren, i. e. verstehen, wenn wir den Gesang nehmen, und zwar denjenigen der zweiten Strophe, letzter Vers:

Und die /Brandung tobt, und ein Ma /-trose, der schreit: Noch /kein Land in Sicht seit einer /Ewigkeit.

Hier reißt die Stimme hoch, geht beträchtlich nach oben und bereitet auf die bisher als *bridge* und *refrain* definierten Bausteine vor. Wenn wir dem entsprechen, sind bisherige *bridge* plus bisheriger *refrain* als komplette Einheit, i. e. als ausschließlicher *refrain* zu begreifen.

Die jeweilige der beiden verschiedenen Auffassungen der Konstruktion ist wieder wichtig für den Arrangeur, um angemessen die musikalischen Akzente setzen zu können, was bspw. mögliche Orchestrierung einschließlich „Ohrenmerk" setztender Instrumente anlangt, an welcher Stelle und wann, oder den Einsatz eines *back-up*-Chors usw.

„Skelett" eines Songs

Was einen Song macht, ist dessen „Skelett", das Jonglieren mit den bereits besprochenen Grund-Bausteinen **Strophe, bridge** (auch *ohne bridge*) und **refrain**.

Auf dem *refrain* liegt der Schwerpunkt der Konstruktion, die zu untermauern gilt mit zu jeweiliger Tonart passenden Akkorden. Denn jede Tonart „beherbergt" ein ihr typisches Reservoir an Akkorden, welche innerhalb der Tonart bestmögliche Harmonie garantieren (*Stufentheorie*). Nach konventionellen Gesichtspunkten betrachtet, ist eine Tonart nicht zu sprengen mit „schiefen Katzen-Akkorden", i. e. mit gegen die Harmonie verstoßenden Akkorden.

Die „Stelzen" jedweder **Harmonie** und jedweden **Takts** tragen die mit Versen (Text) angereicherte **Melodie**.

Knapp gesagt, (1) **Konstruktion** [*Strophe, bridge (oder keine), refrain*]; Tonarten verwandte (2) **Akkorde** sowie (3) **Melodie** und (4) **Text**, gebunden an *Takt* (nicht akzentuierte Impulse = bloße *beats*) und *Rhyth-*

mus (akzentuierte Impulse), sind die vier unverzichtbaren Zutaten der Rezeptur eines Songs. Die **Melodie** — worauf nicht oft genug zu insistieren ist — steht im „klanglichen Brennpunkt" eines jeden Liedes, das mit dem ebenso schwergewichtigen *refrain* abschließt.

Bei einem gelungenen Song arbeiten alle vier Zutaten, sich gegenseitig verstärkend, das heißt *synergetisch* zusammen, wie ineinander greifende Zahnräder eines Uhrwerks, und schälen das heraus, was ich als „Seele" eines Liedes bezeichne. Je besser die vier Komponenten miteinander kommunizieren, umso besser kommt das zum Ausdruck, was BRUCE SPRINGSTEEN mit einer Gemüts-Bewegung „unter seinen Schuhsohlen" meinte. Doch schlussendlich, es gibt keine Garantie, selbst falls alle Tricks guten *Songwriting's* befolgt werden, **es gibt keine Garantie für einen sich durchsetzenden Erfolg** ! Auch wenn der *Bonner* Musiker & Musikwissenschaftler VOLKMAR KRAMARZ (*deutsch* * 1954) anderer Meinung zu sein scheint. Ein *hit* ist nicht kalkulierbar !#### Die Frage von „Möchte-Gern-Produzenten" > Welches dein Ziel-Publikum sei < ist dumm, da letztlich nicht verifizierbar (nicht voraussehbar), i. e. nur in groben Zügen ! Wirklich zündende „Knaller" sind die Songs des „*Writer*-Paars" BILLY IDOL & STEVE STEVENS (*US* * 1959) oder BILLY JOEL's (*US* * 1949), „HONESTY".

Unverwechselbares Motiv oder das Riff

Was einen bravourösen Song ausmacht, ist dessen unverwechselbarer Wiedererkennungs-Wert, wofür nicht alleine der beim mitsingenden Zu-

---

####*Ähnlich beim Fußball, die beste „gespielte" Technik einer Mannschaft macht noch lange nicht deren Sieg !*

hörer sich „einhämmernde" *refrain* verantwortlich ist, sondern ebenfalls ein stets wiederkehrendes **instrumentales** oder **rhythmisches** Motiv.

Betrifft dies zwar mehr oder weniger die Arbeit des Arrangeurs, sollte auch der Lieder-Schmied mit seinen Null-Acht-Fünfzehn-Akkorden davon Kenntnis nehmen. Selbst er vermag mittels einfachster Variation einer Akkord-Abfolge oder eines mitgetretenen *beat* (Taktschlag, Rhythmus) Sorge dafür zu tragen — doch setzt ein *hit* nicht unabdingbar ein *riff* voraus !

Nichtsdestotrotz, ich als blutiger Amateur, schuf in der Strophe von „ROCK `N´ ROLL FÜR MARQUIS DE SADE" — ohne zu strunzen — ausschließlich durch Anschläge der E- und A-Saite ein mit „*blockbuster*-Qualität" (Bomben, welche ganze Häuser-Blöcke „wegblasen") markierendes rhythmisches Motiv.

Solche markanten Motive machen es möglich, wenn sie den Song einleiten, dass derselbe sofort erkannt wird wie bspw. in „I CAN`T GET NO SATISFACTION" (1965) von MICK JAGGER und KEITH RICHARDS. Jeder, der den Song kennt, weiß, wovon ich spreche.§§§§

Oder bei BILLY IDOL´s „SWEET SIXTEN" (*studio version*); am Rande vermerkt, ein gleichermaßen wahrhaftiger Rocker wie der Franzose JOHNNY HALLIDAY (*Frankreich* 1943 – 2017) — „QUE JE T´AIME" — *riff* !

Aber genauso sei die unvergessliche aufgrund ihres frühen Todes Tränen raubende AMY WINEHOUSE genannt mit ihrem Song „BACK TO BLACK" (2006) ! Auch hier ein äußerst markantes *riff* !

Eine Randbemerkung möge der Leser mir nachsehen : was würden heute JIMI HENDRIX, JIM MORRISON und eben AMY WINEHOUSE für eine Musik machen, lebten sie noch ? — ich bin ergriffen von deren frühen Tode !

---

§§§§*sehr überzeugend ist das riff von KLAUS HEUSER (deutsch * 1957) in BAP´s DU KANNS ZAUBERE*

Ein *riff*, das der Musik-Experte ein solches nennt, dürfte man analog, i. e. im übertragenen Sinne, ebenso an einem Text festmachen, d. h. wieder erkennbare „in Fleisch und Blut" übergehende Verse oder Worte.

Denken wir an „SEVEN SECONDS" (1994) [Text u. Musik von YOUSSOU N'DOUR (*Senegal* * 1959); NENEH CHERRY (*Schweden* * 1964); CAMERON MCVEY (*British* * 1957) und JONATHAN SHARP (*British* 1964 – 2009)] und den entsprechenden Duett-Gesang von YOUSSOU N'DOUR und NENEH CHERRY, dann komme ich nicht umhin, zu behaupten, dass der komplette Text in *Senegalesisch* als auch *Englisch* „*riff*-Qualitäten" besitzt, mit Radikal-Spitzen dessen, was YOUSSOU N'DOUR singt und die beiden gemeinsam im *refrain* singen. Das in diesem Lied herausragende Key-Board-*riff* unterstützt in meisterlicher Manier die wunderbare „Gesangs-Maschine".

Die „Schubladen-Einordnerei" als „Welt-Musik" halte ich im Übrigen für Unsinn, und deklassifiziert m. E. einen absolut genialen Song als „Dritte-Welt-Produkt", mögen andere anderer Meinung sein.

Darüber hinaus, ich nicht verstehe, dass dieses Lied, was die Video-Einschalt-Quoten auf den einschlägigen Plattformen im Internet angehen, verglichen mit aus meiner Sicht minder qualitätsvollen Songs, nicht so gut abschneidet.

Auch zu erwähnen ist die aus *Baden-Württemberg* stammende ANNE HAIGIS (*deutsch* * 1955); anspruchsvolle wohlklingende „klassische Pop-Musik" mit guter Stimme und guten Texten, bis heute zu wenig gewürdigt. Sie hat mehr verdient ! Auf der anderen Seite, viel Publikums-„*Feed-back*" hat nicht unbedingt was mit Qualität zu tun !

Reflektieren Sie ferner über JOSÉ FELICIANO (*Karibik* * 1945), welcher — wie manche, berechtigter oder unberechtigterweise beklagen — nicht einmal in „*The Rock `n´ Hall of Fame*" aufgenommen wurde ! Was möge dieser Künstler in dieser *Hall* sich „herumtreiben" ? Aber auch hier, gemessen an seiner Genialität, mäßige Quoten. ABSOLUT, ist dieser Musiker !!! Er verbindet den *Spanischen* Schmerz, sprich *Napoleonische* Kriege (1807 – 1814), mit der Sonne der geschundenen **Karibik** ! JOSÉ FELICIANO ist nicht blind, er sieht mit anderen Augen ! Seine Interpretationen von [*I am*] „LIVING IN A WORLD" [*you can´t see*] oder „GYPSY" [*underrated*] ! Zurückkommend auf den von mir als „Text-*riff*" definierten Song-Baustein, sei BILLY IDOL hervorgehoben: „WHITE WEDDING", „REBBEL YELL" oder „EYES WITHOUT A FACE" usw. *****

Um nochmals eine Brücke zu schlagen zur Kunst im Allgemeinen, hier Literatur, stellte man das Publikum vor die Wahl, sich zu entscheiden zwischen einem Allerwelts-Krimi und dem Buch eines klassischen deutschen Dichter-Fürsten. Es entschied sich für den profanen Krimi. Das beweist nochmals, wie wenig Qualität mit Erfolg zu tun hat !

Nehmen wir den „DA VINCI CODE" (2003) von DAN BROWN (*US* * 1964), ein Riesen-Verkaufs-Schlager, aber meines Dafürhaltens „Publikums-Blendung". Das Buch ist sprachlich ausgezeichnet, ich las die ersten fünfzig Seiten in Original-*Amerikanisch*, doch inhaltlich eher ein *Bluff*, wenn man bedenkt, dass der Lieblings-Jünger JESU, JOHANNES DER TÄUFER, (zur Rechten Christi) in der Wandmalerei des *Refektoriums* (Speise-Saal) in *Santa Maria delle Grazie* in *Mailand* — gemeint ist das ABENDMAHL (Ende 15. Jhd.) — eine Frau sein möge (*Maria Magdalena*). Zauberkünstler URI GELLER (*Israel* * 1946) lässt grüßen !

***** *Unabhängig von „Text-**riff**'s" seien die Songs von* MIKE OLDFIELD *genannt (British *1953) ; nicht nur „TUBULAR BELLS" 1973; großer Musiker ! Beachten Sie auch* BILLY JOEL´s *(US * 1949) Lieder ! „HONESTY" / „JUST THE WAY YOU ARE".*

Dass LEONARDO (*Italy* 1452 – 1519) eine homo-erotische Ader besaß, steht außer Zweifel — man betrachte seinen „TÄUFER-JOHANNES" oder „BACCHUS", beide „Öl-auf Holz–Gemälde" (Anfang 16. Jhd.) im *Louvre* — aber daraus den Schluss zu ziehen, der *mailändische* Täufer sei eine Frau, halte ich für baren Unfug.

Das Publikum jedoch glaubt an das, was es glauben will jenseits aller objektiven Erkenntnis; und das, was nicht in dessen Vorstellungs-Welt passt, existiert *ergo* (zwangsläufig) nicht.

Dahingegen der Roman „DER NAME DER ROSE" (1980) von UMBERTO ECO (*Italien* 1932 – 2016), authentisch ist, was die kunstgeschichtlichen Hintergrund-Daten betrifft, schon alleine deshalb von herausragender Güte, und obendrein ein berechtigter Welt-Erfolg !

Präsentation

Ein weiterer nicht unwichtiger Punkt, obgleich nicht zum Handwerk des *Songwriting* an sich gehörend, ist die Aufführung deines Liedes vor Publikum, falls du deine Lieder der Öffentlichkeit darbietest, i. e. Singen und begleitendes „Klampfen".

Bei uns in der Stadt, auf dem Marktplatz, präsentierte sich eines Tages ein kleines Ensemble, das Übliche : *Trommel, Bass, Keyboard* und *singender Elektro-Gitarrist*. Die Stimme des letzteren ausgezeichnet, aber er selbst dickbäuchig, schäbig angezogen etc., kurzum nicht präsentabel, schlechtes Marketing.

Man schaue auf MADONNA (*US* * 1958), eine Performerin, welche aus der „Tanz-Schule" kommt, eigentlich im Fahrwasser von „SATURDAY-NIGHT-FEVER" (Film 1978) mit Haupt-Star JOHN TRAVOLTA (*US* * 1954), arbeitete sie als *back-up*-Vokalistin und Tänzerin bei Live-Auftritten von PATRIC HERNANDEZ (*Frankreich* * 1949) mit seinem Hit „BORN TO BE ALIVE" (1978). Doch schaffte sie es mit geschicktem Geschäfts-Modell und jeder Menge Sex und dem Spiel mit zweideutig *christlichen* Metaphern, alleine ihr Name, zum Durchbruch einer weltweiten Karriere als Solo-Künstlerin. Ihr Aufgebot an erotischen „Klamotten", entblößter Haut usw. ist immens, jedoch Singen — man möge es mir verzeihen — vermag sie m. E. mitnichten. Jede Menge Tam-Tam und große Show; künstlerisch meiner Meinung nach mittelmäßig. Hier ist es umgekehrt wie bei dem Sänger auf unserem Marktplatz : größtenteils Kommerz !

Worauf es ankommt, sind künstlerische Qualität, die überzeugt, sowie eine nicht übertriebene für die Augen wohltuende Erscheinung.

Sicherlich sieht kaum jemand so gut aus, wie der „KING" (ELVIS PRESLEY) ausgesehen hat, doch ist ein solches Geschenk der Natur ein nicht unerheblicher Pluspunkt für die Karriere, und nicht alleine auf musikalischer Plattform; siehe **CURTIS STIGERS** (*US* * 1965), und selbstverständlich seine Titel-Palette unterschiedlicher Stile — absolutes Muss !!!

MADONNA, aber auch RAMMSTEIN sind eher Gesamt-Kunstwerke, wobei das, worum es eigentlich sich dreht, nämlich Musik, bloß ein Teil des Gesamten ist. †††††

---

†††††*Die Gesamt-Kunstwerke der Opern RICHARD WAGNERS sind etwas anderes.*

48

Künstlerinnen wie CÉLINE DION oder PATRICIA KAAS bedürfen eines solchen meiner Meinung nach „Affen-Theaters" nicht, sie setzen sich durch kraft ihrer Stimme, kraft der von ihnen interpretierten Songs.

Welcher Interpret mich persönlich außerordentlich überzeugt, ist KELLY HANSEN (US * 1961), dritter *Lead-Singer* der „FOREIGNER", wild, leidenschaftlich, kurzum ein echter „Zigeuner", ihm nehme ich ab, was er singt.

Sensibilisieren will ich — aber das gilt weniger dem *Songwriting* als vielmehr der *Authentizität* eines Musikers schlechthin — für keinen Geringeren als ESTAS TONNE (*Ukraine* * 1975).

Ratschläge & Geplauder aus dem Nähkasten

Wenn du dich aus irgendwelchen Gründen, sei es, dass du von Hause aus musikalisch „infiziert" bist, deine Eltern musikalisch unterwegs sind, wie bei JOHANNES STRATE (*deutsch* * 1980), „REVOLVERHELD" [m. E. „*schwache*" Lieder; 3 X *gehört, dann „langweilig"*], oder weil ein Verwandter dir eine Gitarre schenkte, er meinte, du sei`st musikalisch, oder einfach, du hattest immer ein *Faible* für Musik, ob Klassik, aber ebenso Jazz, Pop usw., dass du dir selbst eine Gitarre kauftest, ohne vorgeprägt gewesen zu sein.

Meine erste Gitarre war die meines Onkels, der mit seinem Motorrad tödlich verunglückte, Erbstück meiner Großmutter, einfache HÖFNER-„Konzert"-Gitarre. Auf dieser rustikalen HÖFNER entwickelte ich bspw. besagten „PETER STUYVESANT", die zitierte Ballade über den kleinen Jungen, dem „die Decke auf den Kopf fällt" und daher flüchtet als „blinder Passagier" auf einem Schiff in die „Große weite Welt".

Meine zweite, eine FRAMUS (*Western*), welche man mir stahl, worum ich bis heute traurig bin, leicht bespielbar und süßlicher Klang. Saß und spielte auf dem Instrument damals bei uns im Schloss-Garten, oder unten am Ufer von „Vater Rhein" mit einer hübschen jungen Frau, welche mich, mit „Gammler-Matte" schlendernd durch die City, die nackte Gitarre unter`m Arm, ohne Koffer, angesprochen hatte. Andere Zeiten, andere Sitten; ein Jüngling mit `ner Gitarre galt zu jener Zeit noch was !

Meine jetzige ist eine IBANEZ (*Western*) mit wunderschönen Einlege-Arbeiten; Super-Klang, aber sehr schwer bespielbar; Akkord-Varianten mit akrobatischen Klein-Finger-Einsätzen so gut wie unmöglich, es sei, man habe „Eisen-Krallen". Hatte beim Einkauf auch auf `ner akustischen GIBSON (*Western*) probiert, das gleiche Problem, „Metzger-mäßig".

Jetzt sehne ich mich nach einer spanischen „Leidens-Gitarre", sprich *Flamenco*, welche ich bereits damals in den späten 70er Jahren in *Sevilla* gesehen, aber nicht zugegriffen hatte, ein weiteres meiner Ärgernisse bis heute.

Um es vorweg zu nehmen, jede Gitarre hat ihren eigenen „individuellen" *sound*, obwohl von derselben Produkt-Serie, Maschinen-gestützt gefertigt. Ausschlaggebend sind Holz nicht *jenes* Baumes, sondern *dieses* Baumes usw. Daher rate ich dir ab, im Internet deinen „Schatz" zu bestellen, geh´ in ein Fachgeschäft und spiele das „Exemplar" selbst oder falls du noch nicht soweit bist, lass sie dir vom Händler vorführen, die meisten Verkäufer sind selbst Musiker.

Für dich als Anfänger empfehle ich eine HARLEY BENTON, etwa die HBD120CEBK, preislich unschlagbar, insofern kein rausgeschmissenes Geld, da die Gitarre nichts kostet, i Vgl. was sie zu bieten hat, solltest du

„die Klamotten irgendwann `mal an den Nagel hängen". Der extremen Preis-Attraktivität wegen kannst du diese HARLEY BENTON ausnahmsweise im Internet bestellen, du kannst nichts verkehrt machen ! Und nachher, wenn du kurz vor der „Meister-Prüfung" stehst, kannst du dir immer noch `ne TAYLOR oder andere „Profi-Hölzer" zulegen.

Ich selbst ließ mich meiner Zeit inspirieren von im Radio gespielten Songs (*airplay*), Vinyl-Schallplatten-*hits* oder auch in Discotheken aufgelegten Platten; selbst fungierte ich bisweilen als „Discjockey" auf Privat-Partys. Es waren die 60er und 70er Jahre. JIMMY HENDRIX (*US* 1942 – 1970); „CREEDENCE CLEARWATER REVIVAL" um JOHN CAMERON FOGERTY (*US* * 1945); „BEACH BOYS"; „BEE GEES" und wie die Bands und Musiker alle hießen und heißen. Deutsche Songs waren verpönt, es regierten einfach zu viele einfältige unkritische Schlager, Kompensations-Musik für die aus dem Alltag ausstiegswilligen Menschen, welche am Wochenende genug hatten von nicht erfüllender Arbeit, ausschließlich um ihren Lebensunterhalt zu bestreiten, genug hatten von politischen Auseinandersetzungen in *deutschen* Landen. Obgleich ich mich von Anfang an für *deutsch*-sprachige Songs eingesetzt hatte, da das Radio überflutete mit *anglo-amerikanischen* Texten, für *deutsch*-sprachige Songs mit Inhalten von Niveau; es bis heute aber traurig finde, nur wenige *französische* Lieder und Rock-Songs *on air* zu hören. Man denke an die Chansonniers LÉO FERRÉ (*Liechtenstein* 1916 – 1993); JEAN FERRAT (*Frankreich* 1930 - 2010); JACQUES ROMAIN GEORGES BREL (*Belgien* 1929 - 1978) und viele mehr, genauso an den familiär künstlerisch vorgeprägten oben erwähnten Rocker JOHNNY HALLYDAY. Vor allem auch CHARLES AZNAVOUR (*français* 1924 - 2018); „JE T´AIME" !

Das möge daran liegen, dass *französische* Klänge in *Deutschland* schlecht „wegkommen", obgleich viele *„extraordinaire"* sind, und die *französische* Sprache an *deutschen* Schulen ebenso stiefmütterlich behandelt wird.

Überhaupt sollten Gesangs-Interpreten in ihrer Muttersprache *(language one* L1 *)* **artikulieren** !#### (*ESC* von 1966 - 1972 ! *Amts-Sprache*) Medien sorgen für die „kulturelle Prägung", was nicht bedeutet, dass es auch noch andere Musik gäbe, welche mehr als ebenbürtig ist. Das gilt — am Rande bemerkt — für alle künstlerischen Disziplinen; wer von sich mittels Medien zu reden schafft, steht im öffentlichen Focus und suggeriert „Wichtigkeit", was das Publikum als Qualitäts-Merkmal auffasst.

Daher hat solidarische Kultur-Politik im Rahmen von Internationalität zum Zwecke auch der Völker-Verständigung Priorität.

Gehen wir zurück zum Songwriting, das allerbeste ist, eine MUSIK-SCHULE zu besuchen, wo du den „Schnik-Schnak-Schnuk" für die ersten Gehversuche nicht alleine beigebracht bekommst, sondern du selbst gefordert bist, dich zu „foltern" mit häuslichen Übungen etc., vor allem das Erlernen der SCHWIERIGEN AKKORD-VARIANTEN ist eindringlichst zu empfehlen, (plus ARPEGGIO = SAITEN m. FINGER) !

Dazu benötigst du eine Gitarre, welche **weiche Saiten** zulässt, und vor allem **der Abstand zwischen denselben und dem Griffbrett gering ist**; weiterhin ein Instrument mit **dicht nebeneinander liegenden Saiten**, eben des leichteren Greifens der mitunter „komplizierten" Griffe wegen. Es sei, du hast „Fleischer-Wurst-Finger".

— Elektro-Gitarren erfüllen besagte Forderung i. d. R. (leicht bespielbar).

---

sprachwissenschaftliche Terminologie; bspw. English ist language two (L2) in India.

Noch kein Musiker ist vom Himmel gefallen !

Selbst JIMMY HENDRIX musste üben !

Dann kannst du, falls du gesanglich gut bist, völlig alleine auftreten, ohne angewiesen zu sein auf „Kollegen". Im Gepäck des eigenen Repertoires stets zwei oder drei nachgespielte Songs auf Lager haben (*Cover-Lied*). Ein ge-*coverter hit* kommt immer an, selbst wenn er nicht so souverän vorgetragen ist, denn das Publikum hört das Lied auf „zweiter Ebene" (*Meta*-Ebene), es hört im Hinterkopf das „Erinnerungs-Original" stets mit. Ich rate dir, die ersten *gigs* in privater Runde, auf Feten oder im Sommer draußen am nächtlichen Lagerfeuer zu bestreiten, Erfahrungen Sammelns wegen; und erst dann „Größeres" zu versuchen, um Reinfälle vor zahlreichem Publikum zu vermeiden. Ist mir `mal passiert !

Von Schulung durch's Internet halte ich nicht viel; aber ergänzend, ein Schüler braucht den **persönlichen Kontakt zu einem Lehrer** unter vier Augen, da der Lehrer nicht bloß als Vermittler von Wissen fungiert, sondern ebenso als Pädagoge, i. e. Erzieher in musikalischer als auch menschlicher Hinsicht, dieselben prägen den Schüler in Denken, Beurteilen und Geschmack. Meine Hochschul-Lehrer etwa — ich hatte an der *Alma Mater* (*Universität* „Nährende Mutter") die besten meiner Zeit — prägten mich gänzlich, sie waren meine eigentlichen Erzieher, weniger mein Elternhaus. Dazu entsprechende „**Handwerker-Literatur**" studieren; auf jeden Fall einfacher als ausschließlich in schweißtreibender auto-didaktischer Eigen-Regie, obwohl auch dieses funktioniert. Unverzichtbar sind die **musikalischen Grund-Kenntnisse**, dieselben ich mir theoretisch angeeignet habe mittels Bücher einschlägiger Musik-Verlage, so hatte ich zumindest den Überblick des Verstehens und Deutens der Konstruktion von Liedern; Tonarten, Takt, Rhythmus, Geschwindigkeit usw., um bloß einiges zu beleuchten. Unerlässlich ist ferner **optisches Studium von Notationen**, sprich Noten-Blättern, damit du begreifst, wie die Materie auf Papier ausschaut, also zweigleisig zu verstehen, **konkret** mit dem *Ohr*, **abstrakt** mit dem *Auge*.

Ich rate dir zu „THE ROLLING STONES SONGBOOK" (Verlag *Zweitausendeins* 1977); hier Texte und Notationen, erhältlich antiquarisch.

Das **Spielen mit anderen gemeinsam**, `ne Band aufmachen oder mit Duo-Partner, bringt außerordentlich viel, selbst wenn die meisten Ensembles auseinanderbrechen.

In Betreff „`ne Band aufmachen", solltest du, falls du bereits Fortgeschrittener bist und `ne gute Stimme hast, keine Band aufmachen, sondern eine **bereits bestehende Band** suchen. Der große Vorteil liegt darin, dass die Jungs/Mädels musikalisch aufeinander „abgestimmt" sind. „Fremde" Mitglieder, die vorher niemals gemeinsam gespielt haben, müssen sich musikalisch erst einmal finden, das macht die Sache mitunter schwierig.

In all den Jahren meines musikalischen Spießruten-Laufens durch die Welt unzähliger Bands und Duos, komme ich nicht umhin, einzugestehen, es mich musikalisch, ebenso menschlich, unschätzbar bereichert hat. Durch den Austausch mit anderen Musikern, seien es Diskussionen über das Arrangement eines selbst gebastelten Songs, das Kennenlernen persönlicher Geschmäcker der Kollegen, das in die Waagschale Werfen von niemals zuvor gehörten *riffs* (auf Keyboard, Gitarre oder anderen Instrumenten) schleifen und verfeinern dein musikalisches Bewusstsein bzw. prägen es unwiderruflich. Hinsichtlich des gewöhnlichen Auseinanderfallens eines Amateur-Kollegiums, selbst wenn dasselbe exquisit ist, i. e. ganz hervorragend, möge hier die bekannte Redensart angebracht sein : **„Der Weg ist das Ziel"**.

Außerordentlich selten sind Amateur-Bands, also außerhalb Geld-Verdienens wegen, welche es „schaffen". Weil eben Geld-Verdienen nicht im Vordergrund steht bei „Hobby-Bands", viele aber oft dorthin wollen, blenden sie aus ihren *pekuniären* (geldlich) Traum, davon einmal leben zu können, und widmen sich der sozialen Auseinandersetzung : wer wem was zu sagen hat, wer den „Chef" mimen darf usw. Die Musik bleibt dabei oft auf der Strecke. Meine Devise lautet, im Proberaum haben soziale Konflikte nichts zu suchen — es geht um die Musik — Reibereien zwischen Band-Mitgliedern gehören vor der Tür ausgetragen, oder man steuert eine extra beraumte Gruppen-Besprechung an, um den Fall zu glätten, gar auszuräumen, letzteres aber nicht möglich sein wird, weil einmal geprägte Charaktere, vor allem ältere „Kumpane", kaum sich noch ändern; die Grund-Konflikte bleiben, alles andere ist Symptom-Flickerei, i. e. Oberflächen-Kosmetik.

Parallelen mit der literarischen Disziplin aufzuzeigen, lernte ich einen Stadt-bekannten Schriftsteller kennen, der *Germanistik* und *Philosophie* studiert hatte. Seine schriftliche Abschluss-Arbeit sein betreuender Professor zurückwies, mit dem aber versöhnlichen Kommentar, er möge dies und jenes ändern, dann nähme er die Arbeit an. Darauf sein Schüler ihm zu verstehen gab : „Das Schriftstück könne besser nicht werden". Ende vom Lied : „durchgefallen, i. e. nicht bestanden. Das war einer der Sargnägel seiner verbauten Karriere, *Nach dem Hochmut kommt der Fall* !" Ein durchaus talentierter Schriftsteller !

Ich selbst wurde Mitglied als Sänger in einer „professionell" spielenden Hobby-Band, Konzept war, dass ich deren Lieder sänge — mein Vorgänger hatte die Band verlassen oder verlassen müssen, die Wahrheit erfährt man i. d. R. nicht — dafür die Jungs ein paar meiner Nummern spielten.

Anderer Bands eigene Kompositionen zu singen, ist im Übrigen eine Herkules-Aufgabe, wenn du nur eine CD in die Hand gedrückt bekommst, ohne schriftliches Material, ohne Garnichts; auch hierfür gibt es entsprechende Computer-Programme, die Lieder aufzuschlüsseln imstande sind. Nachdem ich Schwierigkeiten hatte, in die soziale autoritäre Hierarchie mich einzufügen — internes Mobbing hinnehmen musste — und bei einem sehr gelungenen Auftritt, Feuerzeuge usw., viel Rückenwind in Form Publikum-Lobes einheimste, die Begleit-Musiker wohl oder übel im Schatten verbringen mussten, kam der Raus-Schmiss. Was sie nicht begriffen, dass eine „Rampen-Sau" auf der Bühne an erster Stelle agiert. Die „Truppe" ist heute m. E. kaputt bzw. nicht das, was sie einst war.

Die näheren Musiker-Bekanntschaften, gar Freundschaften brechen auseinander, man geht sich aus dem Weg, was ich nicht verstehe und nicht verstehen will. Für später potenziell (*möglich*) brauchbare Verbindungen und Kontakte, sprich „Netz-Werk". Und wo bleibt der *Humanismus* ?

Viele Amateur-, aber auch Profi-Musiker verfügen über wenig „Durch-Steh-Vermögen", wenn es gilt, ein Projekt anzuschieben und schließlich zum Erfolg zu führen. Viele wollen „das schnelle Ding", haben i. d. R. zwei bis drei Projekte parallel laufen, anstatt auf ein gutes Projekt voll und ganz sich zu konzentrieren. Und daher schmeißen sie das eine hin, weil sie hoffen, das andere werde es schon „bringen". Irrtum ! Ich nenne diese Musiker „Projekt-Hopper", letztlich erfolglose Künstler, da ihnen für die Karriere der dafür erforderliche Schneid fehlt.

Hinter einem *hit* stehen nicht nur der Interpret — es sei, der Interpret macht alles selbst wie STING (Gordon Matthew Thomas Sumner, *British* * 1951) oder CHRIS DE BURGH [Christopher John Davison (*Irish,* geb. in *Argentinien* * 1951)] — sondern ebenso die Schreiber und Texter und Arrangeure und *last not least* die ausführenden Musiker; was das Publikum für gewöhnlich nicht sieht; automatisch verbindet es einen Song mit dem Interpreten, er ist der Star, die anderen bleiben außen vor !

Ähnliches mit einem Duo-Partner mir widerfuhr, ausgezeichnetes „Zwei-Mann-Gitarren-Ensemble", wir spielten meine Songs, die Leute waren „aus dem Häuschen". Schlussendlich verließ er mich, „er wäre nicht mein Begleit-Gitarrist !"; zum damaligen Zeitpunkt hatte ich gute Kontakte zum Rundfunk etc., lud ihn ein zum Interview usw., Null-Akzeptanz, stieg aus; gründete danach eigenes Akustik-Ensemble, äußerst jammerhaft, mit anderen Worten : eine Lach-Nummer !

Einstreuen möchte ich an dieser Stelle, dass du dich um Auftritts-Möglichkeiten (*gigs*) bemühen solltest, als Akustik-*Barde* unbedingt auf **Burg Waldeck** (*Hunsrück, Rheinland-Pfalz*) dich zu präsentieren. Jährlich findet dort ein legendäres Liedermacher-Festival mit Preis-Verleihung statt, du wirst gefilmt und archiviert, wo *Troubadoure* selbst von weither anreisen. Zurück kommst du immer irgendwie, es wird dann ein *„lift"*

(Mitfahrgelegenheit) ausgerufen; übernachten kannst du da für kleines Geld, so `ne Art Jugend-Herberge. >*singewettstreit@burg-waldeck.de*<

Hier in den 60er Jahren gastierten u. a. FRANZ-JOSEF DEGENHARDT (*deutsch* 1931 – 2011); REINHARD MEY (*deutsch* * 1942), den man auspfiff, da die Zuhörerschaft seine Songs als zu bieder empfand, verständlich zu jener Zeit der politischen Unruhen nicht alleine in *West-Deutschland*, und HANNES WADER (*deutsch* * 1942). Auch ich trug Anfang des neuen Millenniums meine Lieder dort vor (i. d. R. verlangen die Veranstalter drei Stücke) : „ZIGEUNER-LIEBE", „MODELLIEBE" und „WINTERABEND AN DER SPREE" spielte ich — siehe b-cristiano.de/BIOGRAPHIE/biographie.html

Von meiner Hauptstadt-Hymne waren drei „Weiber" aus *Ost-Berlin* hellauf begeistert; bedauerlicherweise musste ich am gleichen Abend „den Abflug gestalten" — ein talentierter Lieder-Schmied, jedoch unbekannt, aus selber rheinischer Heimat nahm mich mit Automobil zurück — was mich daran hinderte, mit den drei musizierenden Grazien aus *Ost-Berlin* näher ins Gespräch zu kommen; ich hatte Zahnschmerzen eines heraus operierten Weisheit-Zahns wegen, Stimme war zudem sowieso im Keller.

C'est la vie !

Von vielen, denen ich auf meinem „musikalischen Spießruten-Lauf" begegnet bin, u. a. bei der Suche nach Musikern mittels Zeitungs-Annoncen — man möge es mir wieder verzeihen — hatten 70 bis 80 % „nicht nur eine Schraube locker" !

Oft sind es (*auch zivil-beruflich*) erfolglose, nicht unbedingt schlechte Musiker, in prekären Verhältnissen lebend, welche auf „den Durchbruch" warten, und nicht sehen, dass ihnen **Eitelkeit**, **Narzissmus** und **Herrsch-Sucht** dabei im Wege stehen; darunter befinden sich mitunter geniale

Künstler. Doch ebenfalls gibt es selbst in dieser Klientel Ausnahme-Figuren : hatte bei der Suche nach einem Elektro-Gitarristen für eine frühere *Hardcore*-Truppe einen solchen genialen Kerl kennenlernen dürfen, genial, aber Tobsuchts-Anfälle, und das nicht zu knapp, Marke KLAUS KINSKI ! Derselbe heute spielt in hochkarätigen Formationen !

Bei der Suche immer wieder nach neuen Musikern meines *Singing-Songwriting*-Projekts wegen lernte ich auch nette und interessante Menschen und gleichfalls interessante „Probe-Räume" kennen. Was mir eindringlich in Erinnerung geblieben ist :

KÖLN – MÜHLHEIM : 80er Jahre : Verregneter November-Abend, eine aus Backsteinen gemauerte stillgelegte Fabrik mit eisernem verrostetem Zufahrts-Tor, dahinter der Hof, uralte nackte Kastanien, überall nasses faulendes Laub, dann das „Grusel-Schloss" selbst.

Auf Klingeln erschien so eine Art Türsteher, einer der Jungs von der Band, Leder-Klamotten, gefährlich aussehend, Furcht einflößend; mir machte das nichts, nach dem Motto „Bellende Hunde beißen nicht", obgleich das nicht stimmt, man brauche bloß in die *deutsche* Geschichte zu blicken. Na ja, auf jeden Fall ließ ich mich von seinem Anblick nicht einschüchtern. Darauf riegelte er das Refugium auf und führte durch einen endlosen schwach beleuchteten Flur, morbid, feucht, Modergeruch, Schimmel an Wänden, und letztlich Schrecken erregend, bis er schließlich so eine Art schwere Heizungs-Tür aufächzte, wo die anderen Jungs von der *trash*-Kapelle (*trash engl.*, Müll), an ihren Instrumenten sitzend, bereits auf mich warteten. Die gesamte Mannschaft wie der „Türsteher" in pechschwarzem Leder, sehr beeindruckend ! Irgendwelches blau-düsteres Neon-Licht, an der Wand hängend ein Skelett, ob Plastik oder echt, weiß nicht. Herzliche Begrüßung usw., bis es dann losging. Ohren betäubender Lärm, zwei Elektro-Gitarren, Bass und Schlagwerk : „Höllen-Musik" ! Bemühte mich, auf diese klangliche „Müll-Kippe" stimmlich einzusteigen, was mir aber trotz heftigster Anstrengung misslang, bekam gesanglich einfach nichts hin, i. e. keine selbständige Melodie. Doch vielleicht ist es gerade das, was *trash* ausmacht: *Absurdität* und *Chaos*, „weiß der Kuckuck". Hier prallten zwei Welten aufeinander, welche nur spärlich voneinander wussten; meine Baustelle auf jeden Fall nicht. Jedoch rückblickend vermag ich zu sagen, hatte es jede Menge Spaß gemacht, und gelernt, **was ich will und was nicht**, mit anderen Worten Schärfung meines musikalischen Ziels; auch das ist wichtig zu erkennen, wohin du zu steuern gedenkst, Stil usw., hier in Band-Angelegenheiten ! Und außerdem, dass *Metal*-Musiker keine schlechten Menschen sein müssen, im Gegenteil.

Hin und wieder probt man auch mit nacktem Oberkörper — selbstverständlich die Herren der Schöpfung — bevorzugt in der *Hard-Rock*-Szene !

Wenn du einmal deinen Stil gefunden und die ersten Songs „unter Dach und Fach" gebracht hast, fällt dir das Schmieden nachfolgender Lieder nicht mehr schwer, die Richtung und das Handwerk sitzen nun halbwegs. Ähnlich bei der „Schriftstellerei"; das erste Buch ist für jeden Autor die größte Herausforderung, i. e. schwierig; aber dann geht es „locker vom Hocker"; seinen Schreib-Stil hat der „Papier- und Feder-Quäler" gefunden, und selbstverständlich sein Thema. Obgleich viele Bücher, drehen dieselben sich i. d. R. um nur einen einzigen Gedanken „in wechselnden Kleidern", *die* Anschauung, die persönliche Einstellung zu den Dingen.

„**Was ich will und was nicht**" hat in der Lieder-Schmiede absolute Vor-
fahrt, das heißt sich nicht verbiegen zu lassen, anderen nicht hinterher ei-
fern, „*dein* Ding zu machen" wie UDO LINDENBERG (*deutsch* * 1946) sagen
würde, „ICH MACH´ MEIN DING"; „MEIN DING" [Text *by* LINDENBERG;
Komposition *by* LINDENBERG & ANTON STRMLJAN (*Slovwenian* * 1984)].
Denn in der Amateur-Szene begegnete ich vielen Nach- und Mit-Läufern :
war WOLFGANG NIEDECKEN (*deutsch* * 1951) angesagt, wollten die meisten
`ne *Kölsch*-Band aufmachen mit *Kölschen* Mundart-Texten; war *Rap* ange-
sagt, suchten sie einen *Rapper* als Sänger usw. Das hat mit einer Lieder-
Schmiede, wo die heißen Eisen von „Seelen-Songs" auf dem Amboss in die
richtige Form zu hämmern sind, nichts zu tun. Du kannst nur das machen,
was du machen kannst, nicht mehr und nicht weniger, ausschließlich das
ist authentisch, i. e. „echt" und glaubwürdig, alles andere ist „Nach-
Äfferei" ! So hast du die Chance, in der Branche zu etwas zu kommen :
„**Mach dein Ding, und nur *dein* Ding** !" Andere Kompositionen nachspie-
len, ist ein *anderes* Ding wieder und für einen Liederschmied durchaus
wichtig des Lernens wegen, wie ich eingangs darauf Wert legte.
Die *US-amerikanische* Schauspielerin HEDY LAMARR (*Österreich-Ungarn*
1914 – 2000) verfocht zeit ihres Lebens die Auffassung, „selbst zu sein",
von anderen sich nicht beeinflussen zu lassen.
Das setzt voraus, dass du **musikalisches Selbst-Bewusstsein** entwi-
ckelst, hinsichtlich *live-gigs* nicht verzagst, weil alles schief lief. Anders
herum, zu Minderwertigkeits-Komplexen dich nicht hinreißen lässt, wenn
ein *gig* gut bis sehr gut „über die Bühne ging", und nachher du trotzdessen
meinst, wie schlecht du wieder gewesen wärest; eine Frage des Unter-
schieds zwischen „*Fremd-Bild*" und „*Selbst-Bild*". Genau das widerfuhr mir

mit einem meiner damaligen Duo-Partner — ich hatte zwei Duos — toller *gig* auf ´ner Klein-Kunst-Bühne bei uns in der Stadt, wunderbare Feuilleton-Kritik usw., ich aber unter der Einbildung litt, „mies" gewesen zu sein.

Kein Affen-Theater veranstalten, weder beim *Songwriting* (anderen Größen nacheifern) noch beim Vortrag deiner Songs auf der Bühne, keine aufgesetzten Gesten, keine künstlichen Hüft-Sprünge, welche im Übrigen nur ELVIS PRESLEY (*US* 1935 – 1977) drauf hatte, keine Spezial-Brillen [siehe frühen ELTON JOHN (*British* * 1947)] oder unpassende Kleidung, welche dich zum „Heini" stempelt, ausschließlich um aufzufallen.

Es gibt zu Genüge solche Figuren, nicht alleine in der Musik-Branche. Man denke an LADY GAGA (*US* * 1986) oder schon erwähnte MADONNA, oder Werbe- und Marketing-Experte SASCHA LOBO (*deutsch* * 1975). Ich halte davon gar nichts ! Wer für mich ehrlich ´rüberkommt, ist — wie ich schon anmerkte — KELLY HANSEN, dritter Sänger der *US*-Band *Foreigner*. Ich bin eben „Alte Schule", doch auch von „Alten Schulen" kann man etwas lernen !

Falls du irgendwann ein Repertoire selbst komponierter Lieder „geschmiedet" haben solltest, empfehle ich dir, dieselben bei der GEMA anzumelden (*Gesellschaft für musikalische Aufführungs- und mechanische Vervielfältigungsrechte*). Das hat zwar mit deinen Urheber-Rechten nichts zu tun, welche dir auch ohne GEMA zustehen, jedoch die Registrierung deiner Songs in der GEMA-Datenbank mit Werk-Nummer etc. verschafft dir bzgl. Live-Auftritte und Veröffentlichung deiner Titel auf CD oder im Internet **Ausschüttungs-Boni**. Die Mitgliedschaft kostet mittlerweile nicht unerheblich und lohnt nur, falls du viele *gigs* usw. bestreitest; und auf der anderen Seite dir als Musiker künstlerisches „Bewusstseins-Image" verschaffst.

Um abschließend auf Erfolg zurückzukommen, falls du einen solchen anstrebst, erneuere ich meine bereits zitierte Forderung:

„UNVERWECHSELBARKEIT"

statt bloßer „Ohren-Gefälligkeit", und nicht nur auf *gesanglicher*, [ROD STEWART (*British* * 1945)], sondern auf *allen* angesprochenen Ebenen :
KOMPOSITION (INSTRUMENTAL-KÖRPER *plus* GESANGS-MELODIE);
ARRANGEMENT; das „*Wie*" der **STUDIO-ABMISCHUNG** der Instrumente einschließlich Interpreten-Stimme („Vordergrund" / „Hintergrund") sowie **PRÄSENTATION** ohne „gekünstelten Aufsatz".
Denn heute sind so viele Songwriter unterwegs, deren Darbietungen multi-medial potenziert sind, dass der Einzelne mit seinem Lied im Dschungel der trotz der i. d. R. langweiligen Angebote untergeht.

Deine Lieder sollten ähnlich wie bei **HERBERT GRÖNEMEYER** exemplifiziert (*beispielhaft*) sein, von der Masse sich abheben, gegen den *main-stream* laufen, welcher sich ergießt in klanglicher Blendung mit stereotypen (*klischeehaft, immer gleich wieder kehrend*) Texten, obwohl — wie mehrfach „betont" — die Melodie „vor" der Poesie rangiert.
Poesie spielt eben auch eine wichtige Rolle, sofern die Musik dazu passt wie — schon Fußnoten-mäßig angemerkt — **PINK** mit ihrem Song „DEAR MR. PRESIDENT".

Ein guter Song lebt von seinem „Skelett", sprich Komposition; bedarf keiner komplizierten Kostümierung; kann am Lagerfeuer mit Null-Acht-Fünfzehn-Akkorden sofort „heruntergeschrubbt" werden, und das mit Erfolg !

Soweit meine Tipps & Tricks
für dich, meine angehende Liederschmiedin
sowie meinen angehenden Liederschmied !

Viel Glück !

*

Zurückkommend auf mein *Kultur-ästhetisches Manifest,* mahne ich die Kultur-politisch Verantwortlichen an, für die „am Hungertuche nagenden" Künstler sich finanziell unterstützend einzusetzen! Was bedeutet, die „Gutverdienenden", sprich Unternehmer, Politiker, sehr erfolgreichen Künstler u.a. höher zu besteuern (zzgl. Vermögens-Steuer), um mit diesen Mehreinnahmen die „erfolglosen", doch für unsere kollektive Befindlichkeit wichtigen Kreativen „aufzufangen"!
(vgl. STERN-Gespräch ARNO LUIK 20/9/16: „ROLAND KAISER über das Versagen der Politik und wie Reiche helfen könnten")